REZEPTE: MARTIN KINTRUP | FOTOS: MONA BINNER

HEUTE VEGGIE, MORGEN FLEISCH

Klassische und neue Rezepte für Teilzeit-Vegetarier

DIE GU-QUALITÄTSGARANTIE

Wir möchten Ihnen mit den Informationen und Anregungen in diesem Buch das Leben erleichtern und Sie inspirieren, Neues auszuprobieren. Bei jedem unserer Produkte achten wir auf Aktualität und stellen höchste Ansprüche an Inhalt, Optik und Ausstattung.
Alle Informationen werden von unseren Autoren und unserer Fachredaktion sorgfältig ausgewählt und mehrfach geprüft. Deshalb bieten wir Ihnen eine 100 %ige Qualitätsgarantie.

Darauf können Sie sich verlassen:
Wir legen Wert darauf, dass unsere Kochbücher zuverlässig und inspirierend zugleich sind. Wir garantieren:
• dreifach getestete Rezepte
• sicheres Gelingen durch Schritt-für-Schritt-Anleitungen und viele nützliche Tipps
• eine authentische Rezept-Fotografie

Wir möchten für Sie immer besser werden:
Sollten wir mit diesem Buch Ihre Erwartungen nicht erfüllen, lassen Sie es uns bitte wissen! Wir tauschen Ihr Buch jederzeit gegen ein gleichwertiges zum gleichen oder ähnlichen Thema um. Nehmen Sie einfach Kontakt zu unserem Leserservice auf. Die Kontaktdaten unseres Leserservice finden Sie am Ende dieses Buches.

GRÄFE UND UNZER VERLAG. *Der erste Ratgeberverlag – seit 1722.*

Vorwort

Lieben Sie frisches Gemüse genauso wie ich? Läuft Ihnen beim Duft aromatischer Kräuter auch das Wasser im Mund zusammen? Dann sind Sie nicht allein: Denn vegetarisch zu essen wird für immer mehr Menschen zur echten Alternative – sei es aus ökologischen und gesundheitlichen Gründen oder einfach weil fleischlose Ernährung unendlich abwechslungsreich und außerordentlich lecker sein kann.

Auch für mich stellt der Veggie-Lifestyle die ideale Lebens- und Ernährungsweise dar. Und doch packt mich hin und wieder die Fleischeslust, und ich bekomme Sehnsucht nach einem saftigen Stück Fleisch oder einem zarten Fischfilet. Wenn ich dann in klassischen Kochbüchern blättere, stelle ich fest, dass dort Fleisch und Fisch die unangefochtene Hauptrolle spielen, während Gemüse und Co. meist zu Statisten degradiert werden – was mich als eingefleischten Teilzeit-Veggie gar nicht froh macht. Darum Schluss damit:

Für dieses Buch habe ich Rezepte entwickelt, die absolut perfekt auf rein vegetarische Art funktionieren – knackiges Gemüse, dampfende Kartoffeln, gehaltvolles Getreide, frische Kräuter und aromatische Gewürze sind hier eindeutig die Stars auf dem Teller. Das Tolle ist: Zu jedem Rezept gibt es einen Vorschlag, wie man die Veggie-Version nach Lust und Laune mit Fleisch, Fisch oder Meeresfrüchten abwandeln kann – manchmal entsteht so mit ein paar Handgriffen sogar ein komplett neues Gericht.

Wer also einen griechischen Salat mit zarten Lammsteaks ergänzen, eine Süßkartoffel-Zitronengras-Suppe mit Garnelen verfeinern oder ein Kartoffel-Spargel-Gratin mit Lachs veredeln möchte, findet bei jedem der rund 80 Rezepte die passende Anregung – von blitzschnell und kinderleicht bis edler und etwas aufwändiger. Zusätzlich gibt es in jedem der fünf Rezeptkapitel mehrere Doppelseiten, auf denen absolute Klassiker wie Krautsalat, Sauce bolognese oder Lasagne sowohl in fleischhaltiger als auch vegetarischer Version vorgestellt werden. Wer also ganz undogmatisch häufiger vegetarisch und trotzdem hin und wieder Fleisch oder Fisch essen möchte, ist mit diesem Buch und seinem reichen Schatz an klassischen wie kreativen, edlen wie alltagstauglichen und allesamt verführerischen Rezepten garantiert an der richtigen Adresse.

Viel Spaß beim Kochen und Genießen – mal vegetarisch, mal mit Fleisch oder Fisch – wünscht Ihnen

Ihr

INHALTSVERZEICHNIS

Pasta & Nudeln

Gabeln, wickeln oder auch löffeln – noch variantenreicher
als die Art, sie zu essen, sind Pasta und Nudeln selbst:
lang und dünn, kurz und kringelig und und und ... Lässt sich diese
Bandbreite noch steigern? Klar, mit spannenden Rezepten
und der nicht weniger spannenden Frage, ob Sie sie auf die eine
oder andere Art zubereiten, also vegetarisch oder nicht.

Seite 90

Reis und Getreide

Körnchen für Körnchen einfach gut: Mit Reis, Couscous, Polenta und
Co. lässt sich in der grünen Küche allerlei Leckeres anstellen.
Und wenn es doch einmal ein kleines Extra braucht,
können Sie Frühlingsrisotto, Feta-Hirse-Burger oder Gratinierte
Polenta mit Fleisch, Geflügel oder Fisch ganz bequem ergänzen.

Seite 116

Und in den **Klappen** lesen Sie, wie Sie einen heiß geliebten Klassiker
aus der Fleischküche, nämlich das Wiener Schnitzel, auf
altbewährte Art (Klappe hinten) oder – ganz neu! – vegetarisch
(Klappe vorne) zubereiten und genießen können. Klassiker dieser Art und
ihre vegetarischen Zwillinge finden Sie im ganzen Buch verteilt.

Salate sind knackig-frisch und randvoll mit Vitaminen,
dazu meist blitzschnell und ohne viel Aufwand zubereitet.
So wurden sie zu absoluten Lieblingen der
modernen Küche. Zudem bringen Salate maximale
Abwechslung auf den Teller:
Als Zutaten stehen verschiedene Blattsalate,
saisonales Gemüse, Früchte, Nüsse und Kräuter
zur Verfügung, abgeschmeckt wird
mit aromatischen Dressings.
Das macht jeden Veggie froh und – mit kleinen
Ergänzungen – Fleisch- und Fischfans ebenso …

Lauwarmer Gemüsesalat

Frische Kräuter und gedämpftes Frühlingsgemüse – fertig ist ein verführerisch frisch-aromatischer Salat.
Melone sorgt hier für eine fruchtige Überraschung.

FÜR 4 PERSONEN | ZUBEREITUNG: CA. 20 MIN. | PRO PORTION CA. 155 KCAL

4 Frühlingszwiebeln	500 g grüner Spargel	Salz	Pfeffer
2 Stiele Dill	1 Fenchelknolle	**Außerdem:**
1 Handvoll Zitronenmelisse	2 Möhren	Topf mit Dämpfeinsatz
1 Bund Schnittlauch	2–3 EL Rotweinessig	
1/4 Galiamelone	4 EL Rapsöl	

1 Die Frühlingszwiebeln waschen, putzen und in Ringe
schneiden. Die Kräuter waschen und trocken schütteln.
Vom Dill die Spitzen, von der Zitronenmelisse die Blätter abzupfen. Dill fein hacken, Melisse in Streifen und
Schnittlauch in Röllchen schneiden. Die Melone schälen,
entkernen und das Fruchtfleisch würfeln. Alles in einer
Schüssel mischen.

2 Den Spargel waschen, im unteren Drittel schälen,
die holzigen Enden abschneiden und die Stangen in
3–4 cm lange Stücke teilen. Den Fenchel waschen und
putzen, dabei das Grün beiseitelegen. Den Fenchel halbieren und in Streifen schneiden. Die Möhren schälen,
längs vierteln und in 3–4 cm lange Stücke teilen.

3 Das Gemüse in einen Dämpfeinsatz geben und in einem
Topf zugedeckt über kochendem Wasser in ca. 5–6 Min.
bissfest dämpfen. Anschließend kalt abschrecken und
abtropfen lassen.

4 Das Gemüse mit den vorbereiteten Zutaten mischen.
Mit 2 EL Essig und dem Öl beträufeln, verrühren und mit
Salz, Pfeffer und Essig abschmecken. Das Fenchelgrün
fein hacken und unterrühren. Den Salat kurz ziehen lassen
und noch lauwarm servieren.

TUNINGTIPP
Mit 1 Beet Kresse verwandeln Sie das Kräutertrio in ein
aromatisches Quartett.

PLUS

Salami und Käse

Zusätzlich brauchen Sie:

50 g luftgetrocknete Salami (am Stück)
80 g Edamer, Ziegengouda oder Provolone (am Stück)

1 Den Gemüsesalat wie links beschrieben zubereiten.
Die Salami häuten und in sehr dünne Scheiben schneiden.
Den Käse klein würfeln.

2 Salamischeibchen und Käsewürfel vor dem Servieren
unter den Salat mischen.

Rübchen-Carpaccio

Jetzt wird's edel: Ein schick angerichtetes Carpaccio – ob vegetarisch oder mit Roastbeef – verbreitet einen Hauch von »haute cuisine« und ist dabei doch ganz fix und simpel zubereitet.

FÜR 4 PERSONEN | ZUBEREITUNG: CA. 15 MIN. | PRO PORTION CA. 275 KCAL

1 Bio-Zitrone
4 TL Meerrettich (aus dem Glas)
2 TL Zucker
6 EL Rapsöl

Salz | Pfeffer aus der Mühle
500 g Mairübchen
8 Radieschen
2 EL Haselnussblättchen

60 g Bergkäse (am Stück)
1 Beet Kresse

1 Für das Dressing die Zitrone heiß waschen, trocken reiben, die Schale fein abreiben und den Saft auspressen. Zitronenschale, 4 EL Zitronensaft, Meerrettich und Zucker verrühren. Das Öl nach und nach unterrühren. Mit Salz und Pfeffer abschmecken.

2 Die Mairübchen schälen, die Radieschen putzen und waschen. Mairübchen und Radieschen getrennt in sehr dünne Scheiben schneiden.

3 Die Mairübchen-Scheiben auf vier Tellern auslegen und mit dem Dressing beträufeln. Die Radieschenscheiben darauf verteilen.

4 Die Haselnussblättchen in einer Pfanne ohne Fett hellbraun anrösten. Den Käse in feine Scheiben hobeln. Die Kresse vom Beet schneiden. Käse, Kresse und Haselnussblättchen auf dem Carpaccio verteilen. Mit grob gemahlenem Pfeffer bestreut servieren. Dazu passt geröstetes Weiß- oder Graubrot.

TAUSCHTIPP

Rübchen sind häufig im Frühling auf dem Markt erhältlich. Ersatzweise eignen sich aber auch Kohlrabi, Rettich oder der leicht scharfe Schwarzrettich für das Carpaccio.

PLUS

Roastbeef

Dafür nur 400 g Mairübchen verwenden und die Haselnussblättchen weglassen. Zusätzlich brauchen Sie:

150 g Roastbeef in Scheiben
1 Handvoll getrocknete Cranberrys

1 Das Dressing und die Mairübchen wie links in den Schritten 1 und 2 beschrieben vorbereiten.

2 Die Roastbeefscheiben halbieren und abwechselnd mit den Mairübchenscheiben leicht überlappend auf den vier Tellern auslegen.

3 Das Carpaccio wie beschrieben fertigstellen und statt mit Haselnussblättchen mit den Cranberrys bestreuen.

Griechischer Salat

Hier wird ein Urlaubsklassiker auf Vordermann gebracht: mit Zucchini, Minze und Zitronensaft.
So bleibt er auch die nächsten Jahre ein Lieblingssalat – garantiert!

FÜR 4 PERSONEN | ZUBEREITUNG: CA. 15 MIN. | PRO PORTION CA. 270 KCAL

2 TL Dijonsenf	6 EL Olivenöl	125 g Pflücksalat
1 EL Honig	Salz	200 g Cocktailtomaten
2 EL Zitronensaft	Pfeffer	1 rote Paprikaschote
1 EL Aceto balsamico bianco	1 kleiner Zucchino (ca. 200 g)	1 Handvoll Minzeblätter
1 Knoblauchzehe	1 rote Zwiebel	150 g Schafskäse (Feta)

1 Für die Vinaigrette Senf, Honig, Zitronensaft und Essig verrühren. Den Knoblauch schälen und dazupressen. Das Öl nach und nach unterschlagen. Die Vinaigrette mit Salz und Pfeffer abschmecken.

2 Den Zucchino waschen und der Länge nach in dünne Scheiben schneiden oder hobeln. Die Zwiebel schälen und in schmale Spalten schneiden. Beides mit der Vinaigrette mischen und etwas ziehen lassen.

3 Den Salat verlesen, waschen und trocken schleudern. Die Tomaten waschen und halbieren. Die Paprika halbieren, entkernen, waschen und in schmale Spalten schneiden. Die Minze waschen und trocken tupfen. Den Feta würfeln.

4 Die Zucchinistreifen aus der Vinaigrette nehmen und die Vinaigrette mit den übrigen vorbereiteten Zutaten mischen. Zusammen mit den Zucchinistreifen auf vier Teller verteilen. Dazu passt Fladenbrot, Ciabatta oder Baguette.

TUNINGTIPP

Salat und Frucht – eine tolle Kombination! Hier passen z. B. 1 entkerner und gewürfelter Apfel oder 1/4 geschälte, entkernte und gewürfelte Galiamelone.

PLUS

Lammsteaks

Dafür nach Belieben den Schafskäse weglassen. Zusätzlich brauchen Sie:

1 Zweig Rosmarin
2 Knoblauchzehen
4 EL Olivenöl
4 Lammsteaks (150–200 g)

1 Den Rosmarin waschen und trocken tupfen, die Nadeln abzupfen und fein hacken. Den Knoblauch schälen und fein würfeln. Beides mit dem Öl verrühren. Die Lammsteaks damit bepinseln und bei Zimmertemperatur mindestens 2 Std. marinieren. Inzwischen den Salat wie links in den Schritten 1 bis 3 beschrieben vorbereiten.

2 Die Lammsteaks trocken tupfen. Eine Grillpfanne stark erhitzen. Die Steaks darin von beiden Seiten je 2–3 Min. grillen, sodass sie außen gut gebräunt und innen noch rosa sind. Herausnehmen, in Alufolie wickeln und 2–3 Min. ruhen lassen.

3 Inzwischen die Salatzutaten mischen und auf vier Teller verteilen. Die Steaks quer halbieren. Mit Salz und Pfeffer würzen und auf dem Salat anrichten.

Bunter Salat mit Mozzarella

Ein herzhafter und schnell gemachter Proviant für den nächsten Ausflug in den Biergarten:
Mit reschen Laugenbrezeln sind die beiden Salate – ob vegetarisch oder nicht – die perfekte Ergänzung zur kühlen Maß.

FÜR 4 PERSONEN | ZUBEREITUNG: CA. 15 MIN. | PRO PORTION CA. 190 KCAL

2 EL Aceto balsamico bianco	6 Radieschen	125 g Pflücksalat
2 EL süßer Senf	4 Tomaten	2 EL Kürbiskerne
3 EL Rapsöl	1 Apfel (z. B. Elstar)	
Salz | Pfeffer	1 Kugel Mozzarella (125 g)	

1 Für das Dressing Essig und Senf verrühren. Das Öl nach und nach unterrühren. Mit Salz und Pfeffer abschmecken.

2 Die Radieschen putzen, waschen und in dünne Scheiben schneiden. Tomaten und Apfel waschen.

3 Die Tomaten halbieren, den Stielansatz entfernen und die Tomatenhälften würfeln. Den Apfel halbieren, das Kerngehäuse entfernen und die Hälften würfeln oder in dünne Scheibchen schneiden. Den Mozzarella abtropfen lassen und ebenfalls würfeln. Den Salat verlesen, waschen und trocken schleudern.

4 Alle Zutaten mit dem Dressing mischen und auf Teller verteilen. Die Kürbiskerne in einer Pfanne ohne Fett anrösten, über den Salat streuen und diesen servieren.

MITNEHMTIPP

Sie möchten den Salat mitnehmen? Dann einfach das angerührte Dressing auslaufsicher abfüllen. Die vorbereiteten Salatzutaten in eine Plastikdose geben, in der Sie diese später mit dem Dressing mischen können. Die gerösteten Kürbiskerne ebenfalls getrennt verpacken. Den Salat erst vor Ort mit dem Dressig anmachen und mit den Kürbiskernen bestreuen.

PLUS

Wurstsalat

Dafür Apfel, Pflücksalat und Kürbiskerne weglassen. Zusätzlich brauchen Sie:

1 Knoblauchzehe
1/2 TL gemahlenen Kümmel
250 g Schinkenwurst

1 Das Dressing wie links in Schritt 1 beschrieben zubereiten. Den Knoblauch schälen und dazupressen. Den Kümmel unterrühren.

2 Radieschen, Tomaten und Mozzarella wie links in den Schritten 2 und 3 beschrieben vorbereiten. Die Wurst in schmale Streifen schneiden. Alles mit dem Dressing mischen, kurz ziehen lassen und servieren.

TAUSCHTIPP

Für echtes Biergartenfeeling statt Schinkenwurst 2 Weißwürste verwenden. Diese in leicht siedendem Wasser 5 Min. ziehen lassen. Herausnehmen, die Haut abziehen, die Würste in Scheiben schneiden, etwas abkühlen lassen und mit den anderen Salatzutaten mischen. Den Salat kurz ziehen lassen und servieren.

Dicke-Bohnen-Salat

Wer Dicke Bohnen nur aus dem Eintopf kennt, wird sich wundern: Auch in einem mediterranen Salat machen sie eine gute Figur. Schmeckt schon fast wie Urlaub im Landhaus in der Toskana.

FÜR 4 PERSONEN | ZUBEREITUNG: CA. 15 MIN. | ZIEHEN: CA. 30 MIN. | PRO PORTION CA. 240 KCAL

1 Glas grüne Bohnenkerne
  (660 g/420 g Abtropfgewicht)
2 rote Zwiebeln
2 Knoblauchzehen

3 EL Aceto balsamico bianco
3 EL Olivenöl
1 EL Zucker
Salz

Pfeffer
400 g Tomaten
1 Bund Petersilie
40 g Pinienkerne

---

1 Die Bohnen in ein Sieb abgießen, heiß abspülen und abtropfen lassen. Die Zwiebeln und den Knoblauch schälen. Zwiebeln grob, Knoblauch fein würfeln.

2 Bohnen, Zwiebeln und Knoblauch in einer Schüssel mischen. Essig, Öl und Zucker dazugeben. Alles verrühren, mit Salz und Pfeffer würzen und mindestens 30 Min. durchziehen lassen.

3 Die Tomaten waschen, halbieren, entkernen, dabei die Stielansätze entfernen, und die Tomatenhälften würfeln. Petersilie waschen und trocken schütteln, die Blätter abzupfen und grob hacken. Pinienkerne in einer Pfanne ohne Fett bei mittlerer Hitze hellbraun rösten und sofort aus der Pfanne nehmen.

4 Tomaten, Petersilie und Pinienkerne unter den Salat mischen und diesen noch einmal kurz ziehen lassen. Mit Salz und Pfeffer abschmecken und servieren.

TAUSCHTIPP
Der Salat schmeckt auch mit Cannellini- oder Kidneybohnen ganz ausgezeichnet.

PLUS

Zwiebelmett

Zusätzlich brauchen Sie:

1 EL Öl
200 g Zwiebelmett

1 Dicke-Bohnen-Salat wie links in den Schritten 1 bis 4 beschrieben vorbereiten.

2 Das Öl in einer Pfanne erhitzen. Das Zwiebelmett klein zupfen und rundherum anbraten. Die Mettstückchen unter den fertigen Salat mischen und vor dem Servieren kurz durchziehen lassen.

TAUSCHTIPP
Sie mögen es lieber maritim? Dann nehmen Sie statt Zwiebelmett 200 g geschälte küchenfertige Bio-Garnelen. Diese waschen, trocken tupfen und in Öl anbraten. Die Garnelen mit dem Salat mischen und diesen servieren.

Hirsesalat

Das bringt Abwechslung auf den Teller: Hirsesalat und der Meeresfrüchtesalat der Plus-Variante wirken auf den ersten Blick grundverschieden, dabei werden lediglich die Hauptzutaten ausgetauscht.

FÜR 4 PERSONEN | ZUBEREITUNG: CA. 40 MIN. | PRO PORTION CA. 320 KCAL

200 g Hirse
Salz
1 Möhre (ca. 100 g)
1 Stange Staudensellerie
1 Zucchino (ca. 200 g)
3 EL Olivenöl

40 ml Sherry (medium; ersatzweise
   1 EL Aceto balsamico bianco)
4 Tomaten
1 Bund Petersilie
80 g grüne oder schwarze Oliven
   (ohne Stein)

1 EL eingelegte Kapern
1 EL Aceto balsamico bianco
1–2 EL Zitronensaft
2 TL Zucker
Pfeffer

1 Die Hirse mit 1/2 l leicht gesalzenem Wasser aufkochen und bei schwacher bis mittlerer Hitze ca. 25 Min. zugedeckt kochen. Dann auf der ausgeschalteten Kochstelle noch 10 Min. ziehen lassen.

2 Inzwischen die Möhre schälen und in dünne Scheiben schneiden. Sellerie und Zucchino waschen, putzen und getrennt in Würfel schneiden.

3 In einer Pfanne 1 EL Öl erhitzen, Möhren und Sellerie darin anbraten. Zucchiniwürfel hinzufügen und kurz mitbraten. Mit dem Sherry ablöschen und mit Salz würzen.

4 Die Tomaten waschen, halbieren, entkernen, die Stielansätze entfernen und die Tomatenhälften würfeln. Die Petersilie waschen und trocken schütteln, die Blätter abzupfen und grob hacken. Die Oliven halbieren. Tomaten, Petersilie und Oliven mit dem gebratenen Gemüse und den Kapern mischen. Essig, 1 EL Zitronensaft, Zucker und restliches Öl dazugeben und mit Salz und Pfeffer würzen.

5 Die Hirse untermischen und den Salat kurz ziehen lassen. Mit Salz, Pfeffer und Zitronensaft abschmecken.

TUNINGTIPP
100 g gewürfelter Schafskäse (Feta) ist eine willkommene Ergänzung für Käsefans.

PLUS

Meeresfrüchtesalat

Dafür die Hirse weglassen. Zusätzlich brauchen Sie:

300 g gemischte eingelegte Meeresfrüchte (z. B. Garnelen, Krabben und Tintenfische; vom Antipasti-Stand oder aus dem Kühlregal im Supermarkt)

1 Den Salat (außer der Hirse) wie links in den Schritten 2 bis 4 beschrieben vorbereiten.

2 Die Meeresfrüchte abtropfen lassen und nach Belieben etwas kleiner schneiden. Mit den restlichen Salatzutaten mischen. Den Meeresfrüchtesalat mit Salz, Pfeffer und Zitronensaft abschmecken und vor dem Servieren noch kurz durchziehen lassen.

TAUSCHTIPP
Wer mehr auf einheimischen Fang steht, macht aus dem Salat mit 4 in kleine Stücke geschnittenen Salzheringen einen mediterranen Heringssalat.

Mediterraner Brotsalat

Die Brotwürfel überraschen in diesem Salat auf zweierlei Weise:
Durch das Anrösten werden sie schön knusprig und durch die aufgenommene Vinaigrette zudem sehr aromatisch!

FÜR 4 PERSONEN | ZUBEREITUNG: CA. 25 MIN. | PRO PORTION CA. 345 KCAL

1 kleines Glas Kichererbsen
  (215 g Abtropfgewicht)
1 Fenchelknolle (250 g)
4 EL Aceto balsamico bianco
4 EL Olivenöl
2 Knoblauchzehen
Salz

Pfeffer
4 Tomaten
2 Orangen
1 Handvoll Basilikum
1 Ciabattabrötchen

1 Die Kichererbsen abgießen, heiß abspülen und abtropfen lassen. Den Fenchel waschen und putzen, dabei das Grün beiseitelegen. Den Fenchel halbieren und in feine Streifen hobeln.

2 Kichererbsen und Fenchel mischen. Mit Essig und 2 EL Öl beträufeln. Den Knoblauch schälen und dazupressen, mit Salz und Pfeffer würzen. Alles gut durchmischen und 10 Min. ziehen lassen.

3 Inzwischen die Tomaten waschen, halbieren und entkernen, dabei die Stielansätze entfernen. Tomaten würfeln. Die Orangen filetieren. Dafür die Orangen bis ins Fleisch schälen, das Fruchtfleisch mit einem scharfen Messer aus den Trennhäuten schneiden. Die Kerne entfernen und die Fruchtsegmente halbieren. Etwas Saft aus dem Orangenrest zum Fenchel pressen. Basilikum waschen, trocken schütteln und die Blätter abzupfen.

4 Das Brötchen würfeln und im restlichen Öl goldbraun rösten. Tomaten, Orangen, Basilikum und Brotwürfel mit den eingelegten Zutaten mischen. Nach Belieben nochmals mit Salz und Pfeffer abschmecken. Das Fenchelgrün hacken. Den Salat auf vier Teller verteilen, mit dem Fenchelgrün garniert servieren.

TAUSCHTIPP

Auch das leicht herbe Aroma von 1 rosa Grapefruit ergänzt den Salat perfekt. Dafür statt 2 Orangen 1 große Grapefruit verwenden und die Fruchtsegmente dritteln.

Pumpernickelsalat

Brotsalat wirklich mal ganz anders: Diese Union aus Nordseeküsten- und Münsterland-Spezialitäten hat das Zeug zum Highlight auf jedem rustikalen Büfett.

FÜR 4 PERSONEN | ZUBEREITUNG: CA. 20 MIN. | PRO PORTION CA. 185 KCAL

1 Zwiebel	Salz
100 g Radieschen	Pfeffer
3–4 EL Apfelessig	1/2 Bio-Salatgurke
2 TL Meerrettich (aus dem Glas)	2 Stiele Dill
2 TL süßer Senf	4 Scheiben Pumpernickel
2 TL Zucker	(ca. 160 g)
3 EL Rapsöl	100 g Nordseekrabben

1 Die Zwiebel schälen und fein würfeln. Die Radieschen putzen, waschen und in dünne Scheiben schneiden.

2 Für das Dressing 3 EL Essig, Meerrettich, Senf und Zucker verrühren. Das Öl unterschlagen und mit Salz und Pfeffer würzen. Zwiebeln und Radieschen mit dem Dressing mischen und 10 Min. ziehen lassen.

3 Inzwischen die Gurke gründlich waschen und würfeln. Den Dill waschen, trocken schütteln, die Spitzen abzupfen und fein hacken. Das Pumpernickelbrot grob zerbröckeln.

4 Gurke, Pumpernickel, Krabben und Dill mit den eingelegten Zutaten mischen und noch kurz ziehen lassen. Mit Salz, Pfeffer und Essig noch einmal abschmecken und den Salat servieren.

TUNINGTIPP

Abwechslung gefällig? 1 Handvoll grob gehackte Rucolablätter und 1 geschälter, entkernter Apfel in Würfelchen sind passende Ergänzungen.

Avocadosalat

Auf nach Peru, Ecuador und Chile: Sowohl Avocadosalat als auch die Ceviche (gesprochen: ssewítsche) der Plus-Variante sind an der Westküste Südamerikas absolute Küchenklassiker!

FÜR 4 PERSONEN | ZUBEREITUNG: CA. 25 MIN. | PRO PORTION CA. 545 KCAL

1 rote Zwiebel	4 EL Olivenöl	1 grüne Paprikaschote
2 Knoblauchzehen	Salz | Pfeffer	1/2 Bund Koriander
2 rote Chilischoten	1/2 Salatgurke	2 kleine reife Avocados
2 Limetten	1 Stange Staudensellerie	
2 TL brauner Zucker	2 Tomaten	

1 Zwiebel und Knoblauch schälen und fein würfeln. Chilischoten längs halbieren, entkernen, waschen und klein würfeln. Die Limetten auspressen. Den Saft mit Zucker verrühren, das Öl unterrühren. Mit Salz und Pfeffer würzen. Zwiebeln, Knoblauch und Chili dazugeben und alles etwas durchziehen lassen.

2 Die Gurke schälen, längs halbieren, entkernen und würfeln. Sellerie waschen und in Scheiben schneiden. Tomaten waschen, halbieren, entkernen, dabei die Stielansätze entfernen, und die Tomatenhälften würfeln. Paprikaschote längs halbieren, entkernen, waschen und ebenfalls klein würfeln. Koriander waschen, trocken schütteln, die Blätter abzupfen und grob hacken. Die Avocados halbieren, entkernen, schälen und würfeln.

3 Alle Salatzutaten mit dem Dressing mischen und 5 Min. durchziehen lassen. Den Salat vor dem Servieren mit Salz und Pfeffer abschmecken.

PRAXISTIPP

Avocados kommen leider häufig unreif in den Handel. Achten Sie darauf, dass die Schale auf Druck etwas nachgibt. Erwischen Sie doch mal ein hartes Exemplar, wickeln Sie die Avocado in Zeitungspapier und lagern Sie sie bei Zimmertemperatur – das beschleunigt den Reifeprozess.

PLUS

Ceviche

Dafür Gurke und Paprikaschote weglassen und nur 2 EL Olivenöl verwenden. Zusätzlich brauchen Sie:

2 Limetten
200 g Kabeljaufilet (am besten mit MSC-Siegel)
200 g vorgegarte geschälte Bio-Garnelen

1 Das Dressing wie links in Schritt 1 beschrieben zubereiten – aber mit dem Saft von 4 Limetten und ohne Öl.

2 Den Fisch waschen, mit Küchenpapier trocken tupfen und würfeln. Die Garnelen halbieren. Fisch und Garnelen in das Dressing geben und im Kühlschrank 3 Std. zugedeckt ziehen lassen (dadurch wird der Fisch quasi »gegart«).

3 Die restlichen Salatzutaten (außer Gurke und Paprika) wie links in Schritt 2 beschrieben vorbereiten und zum Fisch geben. 2 EL Olivenöl unterrühren. Die Ceviche weitere 20 Min. ziehen lassen. Dann auf Teller oder Schälchen verteilen und servieren. Dazu passen geröstete Baguettescheiben oder Tortillachips.

Fruchtiger Reisnudelsalat

Ob vegetarisch oder mit Steakstreifen: Dieser leichte Salat ist genau das Richtige
für Sommertage so heiß wie in Bangkok oder auf Koh Samui.

FÜR 4 PERSONEN | ZUBEREITUNG: CA. 20–25 MIN. | PRO PORTION CA. 350 KCAL

200 g Asia-Reisnudeln	1 Handvoll Koriandergrün	1 TL gemahlener Ingwer
2 rote Zwiebeln	1 EL Öl	Pul biber (türkische Paprikaflocken)
1 Bio-Mini-Salatgurke	4–5 EL Limettensaft	2 Knoblauchzehen
1 nicht zu reife Papaya	1 EL helle Sojasauce	Salz
200 g Bio-Tofu	2 TL Zucker	

1 Die Nudeln nach Packungsanweisung in heißem Wasser
einweichen oder in kochendem Wasser garen und in einem
Sieb abtropfen lassen.

2 Die Zwiebeln schälen und in feine Streifen schneiden.
Die Gurke waschen, längs und quer halbieren und in Scheiben schneiden. Die Papaya halbieren, entkernen, schälen
und in Streifen schneiden. Den Tofu würfeln. Koriander
waschen, trocken schütteln und die Blätter abzupfen.

3 Öl, 4 EL Limettensaft, Sojasauce, Zucker, Ingwer und
1 Prise Pul biber verrühren. Den Knoblauch schälen und
dazupressen. Mit Salz würzen.

4 Die Nudeln klein zupfen und mit dem Dressing und den
restlichen Salatzutaten mischen. Das Ganze kurz ziehen
lassen und mit Salz und Limettensaft abschmecken.

TUNINGTIPP

Original thailändisch: 2 EL gehackte Erdnüsse geben dem
Salat einen knackigen Biss.

PLUS

Steakstreifen

Dafür nur 150 g Nudeln verwenden und den Tofu weglassen.
Zusätzlich brauchen Sie:

2 Schweinerücken- oder Rumpsteaks (je 150 g)
Pfeffer
1/2–1 EL Fischsauce

1 Zunächst den Backofen auf 120° vorheizen. Das Öl in
einer ofenfesten Pfanne erhitzen und die Steaks darin von
beiden Seiten scharf anbraten. Mit Salz und Pfeffer würzen
und im heißen Backofen in ca. 10 Min. gar ziehen lassen.

2 Die Nudeln wie links in Schritt 1 beschrieben einweichen oder kochen. Die Steaks aus dem Ofen nehmen und
etwas abkühlen lassen.

3 Den Salat (außer dem Tofu) wie links in den Schritten 2 bis 4 beschrieben zubereiten. Die Steaks in schmale
Streifen schneiden und mit dem Salat mischen. Diesen mit
Fischsauce abschmecken und noch kurz ziehen lassen,
dann servieren.

Lauwarmer Endiviensalat

Was schon zu Großmutters Zeiten mit Vorliebe und Liebe serviert wurde, findet auch heute noch glühende Verehrer! Besonders, wenn noch knusprige Kartoffeln oder gebratene Wurstscheiben dazukommen.

FÜR 4 PERSONEN | ZUBEREITUNG: CA. 25 MIN. | PRO PORTION CA. 270 KCAL

100 ml heiße Gemüsebrühe	2 EL Rapsöl	400 g festkochende Pellkartoffeln
2 EL Crème fraîche	Salz	Pfeffer	(vom Vortag)
3–4 EL Kräuteressig	1 Zwiebel	50 g Butterschmalz
2–3 TL Zucker	1/2 Endiviensalat	edelsüßes Paprikapulver
1 TL Dijonsenf	1 säuerlicher Apfel (z. B. Boskop)	4 Scheiben Roggenmischbrot

1 Für das Dressing in einer Salatschüssel die Brühe, Crème fraîche, 3 EL Essig, 2 TL Zucker und Senf verrühren. Das Öl unterrühren und mit Salz und Pfeffer abschmecken. Die Zwiebel schälen, fein würfeln und dazugeben.

2 Den Endiviensalat zerpflücken, waschen und trocken schleudern. Harte Blattstrünke entfernen und die Blätter in feine Streifen schneiden. Den Apfel waschen, halbieren, das Kerngehäuse entfernen und die Apfelhälften würfeln. Beides mit dem Dressing mischen und beiseitestellen.

3 Die Kartoffeln pellen und würfeln. Butterschmalz in einer Pfanne erhitzen und die Kartoffeln darin rundherum goldbraun braten. Kurz auf Küchenpapier abtropfen lassen, mit Salz, Pfeffer und Paprikapulver würzen und dann unter den Salat mischen.

4 Das Brot toasten und auf vier Teller legen. Den Salat, mit Essig, Zucker, Salz und Pfeffer abschmecken und auf den Brotscheiben anrichten.

TAUSCHTIPP

Endiviensalat ist manchmal sehr herb und daher nicht jedermanns Sache. Mildherber Ersatz sind Radicchio und Chicorée; wer es gänzlich ohne herbe Note bevorzugt, nimmt Feldsalat.

PLUS

Wurst

Zusätzlich brauchen Sie:

150 g Chorizo (spanische Paprikasalami) oder Blutwurst

1 Den Endiviensalat wie links in den Schritten 1 bis 3 beschrieben zubereiten.

2 Die Wurst in Scheiben schneiden und in einer Pfanne von beiden Seiten kurz anbraten. Dann das Brot wie links in Schritt 4 beschrieben toasten und auf vier Teller legen.

3 Den Salat abschmecken und auf den Brotscheiben anrichten. Die Wurstscheiben darauf verteilen.

Bunter Wintersalat

Auch bei klirrendem Frost lassen sich traumhafte Salate zaubern – wenn man wie hier Produkte verwendet, die gerade Saison haben, gut lagerfähig sind oder ganzjährig in gleicher Qualität angeboten werden.

FÜR 4 PERSONEN | ZUBEREITUNG: CA. 25 MIN. | PRO PORTION CA. 235 KCAL

10 g frischer Ingwer	2 Knoblauchzehen	1 kleine Rote Bete (ca. 150 g)
3 EL Weißweinessig	5 EL Rapsöl	6 EL Essig
2 TL scharfer Senf	Salz | Pfeffer	4 Eier
2 TL Honig	200 g Feldsalat	50 g Pecannusskerne
1/2 TL gemahlener Kardamom	150 g Champignons	1 Beet Kresse

1 Für das Dressing den Ingwer schälen und fein reiben. Mit Essig, Senf, Honig und Kardamom verrühren. Den Knoblauch schälen und dazupressen. Das Öl unterschlagen. Mit Salz und Pfeffer abschmecken.

2 Den Feldsalat waschen und trocken schleudern. Die Champignons putzen, trocken abreiben und in Scheiben schneiden. Die Rote Bete schälen (dabei am besten Haushaltshandschuhe tragen) und in schmale Streifen schneiden.

3 In einem Topf 1 l Wasser mit 2 EL Salz und Essig aufkochen. Die Eier einzeln in eine Tasse aufschlagen. Das Wasser kräftig umrühren. Die Eier nach und nach aus geringer Höhe in das siedende Wasser gleiten lassen. Offen 4 Min. bei schwacher Hitze ziehen lassen. Mit einer Schaumkelle aus dem Wasser heben und abtropfen lassen.

4 Die Pecannüsse in einer Pfanne ohne Fett leicht anrösten. Den Feldsalat mit dem Dressing mischen und auf Teller verteilen. Rote Bete, Champignons, Nüsse und die pochierten Eier darauf anrichten. Kresse vom Beet schneiden und den Salat damit garnieren.

TUNINGTIPP

Dazu passen geröstete Brezelscheiben: Dafür 1 Laugenbrezel schräg in Scheiben schneiden. 20 g Butterschmalz in einer Pfanne erhitzen und die Brezelscheiben darin goldbraun rösten. Mit dem Salat anrichten.

PLUS

Speck-Champignons

Dafür im Salat Eier, Kresse und Pecannüsse weglassen und das Dressing ohne Ingwer und Kardamom zubereiten. Zusätzlich brauchen Sie:

300 g Champignons
100 g Schinkenspeck
1 Zweig Rosmarin
2 Zweige Thymian
1 EL Butterschmalz
1 Knoblauchzehe

1 Zunächst das Dressing wie links in Schritt 1 beschrieben zubereiten – aber ohne Ingwer und Kardamom. Feldsalat und Rote Bete ebenfalls vorbereiten.

2 Die Pilze putzen, trocken abreiben und halbieren oder in dicke Scheiben schneiden. Den Speck ohne Schwarte würfeln. Rosmarin und Thymian waschen und trocken tupfen, die Nadeln bzw. Blättchen abzupfen und fein hacken.

3 Pilze und Speck im Butterschmalz rundherum ca. 5 Min. anbraten. Nach 3 Min. die Kräuter dazugeben und den Knoblauch schälen und dazupressen. Mit Salz und Pfeffer kräftig würzen.

4 Den Feldsalat mit dem Dressing mischen und auf Teller verteilen. Rote Bete und Pilze darauf anrichten und den Salat servieren.

Krautsalat mit Speck

Mit besten Zutaten aus der Steiermark lässt sich nicht nur Kartoffelsalat verfeinern.
Kürbiskerne und ihr Öl geben auch einem klassischen Krautsalat mit Speck eine besondere Note.

FÜR 4 PERSONEN | ZUBEREITUNG: CA. 15 MIN. | ZIEHEN: CA. 30 MIN. | PRO PORTION CA. 435 KCAL

700 g Weißkohl
Salz
1 EL Zucker
5–6 EL Rotweinessig
4 EL Öl (z. B. Sonnenblumen-
   oder Distelöl)
1 Bund Petersilie

40 g Kürbiskerne
100 g Schinkenspeck
   (am Stück)
Pfeffer
ca. 4 EL Kürbiskernöl

---

1 Den Kohl putzen, vierteln und den Strunk herausschneiden. Den Kohl waschen und in sehr feine Streifen
schneiden oder mit dem Gemüsehobel hobeln. 1 TL Salz
dazugeben und den Kohl kräftig durchkneten. Dann Zucker,
5 EL Essig und Öl dazugeben und weiterkneten. Anschließend 30 Min. ziehen lassen.

2 Inzwischen die Petersilie waschen, trocken schütteln,
die Blätter abzupfen und fein hacken. Kürbiskerne in einer
Pfanne ohne Fett anrösten und herausnehmen. Den Speck
ohne Schwarte in grobe Streifen schneiden und in der
Pfanne ohne Fett knusprig auslassen.

3 Petersilie, Kürbiskerne und Speck unter den Salat
mischen und noch kurz ziehen lassen. Den Salat mit Salz,
Pfeffer und Essig abschmecken. Auf vier Teller verteilen
und bei Tisch mit Kürbiskernöl beträufeln.

TUNINGTIPP

Der Krautsalat verträgt durchaus etwas Schärfe. Dafür zusammen mit Zucker, Essig und Öl 1 TL Meerrettich (aus dem
Glas) zugeben und den Kohl dann weiterkneten.

Coleslaw

Krautsalat »the american way«: Als saftige Beilage zum Sommer-Barbecue und schnellen Burger gehört dieser Salat fest zum angloamerikanischen Kulturgut. Wenn Sie ihn probiert haben, wissen Sie warum!

FÜR 4 PERSONEN | ZUBEREITUNG: CA. 15 MIN. | ZIEHEN: CA. 2 STD. | PRO PORTION CA. 190 KCAL

500 g Weißkohl
2 Möhren
100 g Salatmayonnaise
50 g saure Sahne
1 TL Dijonsenf
2–3 EL Rotweinessig
1 EL Zucker

Salz
Pfeffer
50 g Walnusskerne
100 g kernlose Weintrauben

1 Den Kohl putzen, vierteln und den Strunk herausschneiden. Den Kohl waschen und in sehr feine Streifen schneiden oder mit dem Gemüsehobel hobeln. Die Möhren schälen und raspeln.

2 In einer Schüssel Mayonnaise, saure Sahne, Senf, 2 EL Essig und Zucker verrühren. Mit Salz und Pfeffer würzen. Kohl und Möhre dazugeben. Alles kräftig durchkneten und mindestens 2 Std. durchziehen lassen.

3 Die Walnüsse grob hacken. Die Trauben waschen, abzupfen und halbieren. Walnüsse und Trauben unter den Salat mischen. Mit Salz, Pfeffer und Essig abschmecken.

TAUSCHTIPP
Wenn Sie den Weißkohl durch den zarten, milden Spitzkohl ersetzen, muss der Salat nur ca. 20 Min. durchziehen.

Suppen und Eintöpfe

Seit Menschengedenken werden
Suppen und Eintöpfe gekocht. Weil die Zubereitung
so einfach und das Ergebnis so herzerwärmend
und aromatisch ist.
Wenn ein brodelnder Topf auf dem Herd steht und ein
herzhafter Duft die Küche erfüllt,
wartet jeder leidenschaftliche Löffler ungeduldig,
bis Suppe oder Eintopf gar sind.
Um den Teller dann mit Genuss bis aufs Letzte
auszulöffeln – egal ob das Süppchen vegetarisch ist,
mit Fisch oder mit Fleischeinlage.

Ravioli-Gemüse-Suppe

Für Pasta-, Gemüse- oder auch Fischfans mit Vorliebe für frische Aromen:
Eine Kombination aus Schnittlauch, Zitronenschale und Knoblauch gibt dieser leichten Suppe den letzten Kick.

FÜR 4 PERSONEN | ZUBEREITUNG: CA. 25 MIN. | PRO PORTION CA. 245 KCAL

1 Bund Schnittlauch	250 g Brokkoli	400 g frische Ravioli
1 Knoblauchzehe	150 g Möhren	(mit Frischkäse- oder Ricottafüllung)
1 Bio-Zitrone	150 g Cocktailtomaten	1 EL Aceto balsamico bianco
1 kleine Fenchelknolle	1 Bund Frühlingszwiebeln	Salz
(ca. 200 g)	1,2 l Gemüsefond oder -brühe	Pfeffer

---

1 Für die Gremolata den Schnittlauch waschen, trocken tupfen und in Ringe schneiden. Knoblauch schälen und fein würfeln. Die Zitrone heiß waschen, abtrocknen und die Schale abreiben. Die Zitrone halbieren und von einer Hälfte den Saft auspressen. Schnittlauch, Knoblauch und Zitronenschale mischen und beiseitestellen.

2 Den Fenchel waschen, putzen, das Grün beiseitelegen und die Knolle in Streifen schneiden. Brokkoli waschen, putzen und in Röschen teilen. Möhren schälen und schräg in Scheiben schneiden. Die Tomaten waschen und halbieren. Frühlingszwiebeln putzen, waschen und schräg in 2–3 cm lange Stücke schneiden.

3 Den Fond bzw. die Brühe erhitzen und aufkochen. Bei mittlerer Hitze zunächst Fenchel und Möhren 1 Min. darin kochen, dann Brokkoli und Tomaten dazugeben und 2 Min. mitkochen. Ravioli und Frühlingszwiebeln hinzufügen und das Ganze in weiteren 3–4 Min. bei schwacher Hitze gar ziehen lassen.

4 Die Hälfte der Gremolata und den Essig unterrühren. Die Suppe mit Salz, Pfeffer und Zitronensaft abschmecken. Auf tiefe Teller verteilen, mit der restlichen Gremolata bestreuen und sofort servieren.

TAUSCHTIPP

Klassische Gremolata wird mit Petersilie statt Schnittlauch zubereitet. Auch das passt – ebenso wie eine Variante mit Kerbel – gut zu dieser Suppe.

PLUS

Fisch

Dafür nur 200 g Ravioli und nach Belieben den Gemüsefond ganz oder teilweise durch Fischfond ersetzen. Zusätzlich brauchen Sie:

300 g Seelachsfilet (am besten mit MSC-Siegel)

1 Gremolata und Gemüse wie links in den Schritten 1 und 2 beschrieben vorbereiten.

2 Das Seelachsfilet waschen, mit Küchenpapier trocken tupfen, in mundgerechte Stücke teilen und mit ein wenig Zitronensaft beträufeln.

3 Die Suppe (nach Belieben mit Fischfond) wie in den Schritten 3 und 4 beschrieben zubereiten, dabei den Fisch mit den Ravioli und Frühlingszwiebeln dazugeben und bei schwacher Hitze gar ziehen lassen.

Kichererbsen-Tomaten-Suppe

Mit der warmen Würze von Koriander, Kreuzkümmel und Zimt sowie der belebenden Frische von Minze und Zitrone lässt diese Suppe auch an grauen Tagen die Sonne aufgehen.

FÜR 4 PERSONEN | ZUBEREITUNG: CA. 25 MIN. | PRO PORTION CA. 205 KCAL

2 Zwiebeln

2 Knoblauchzehen

200 g Möhren

2 Dosen Kichererbsen
  (je 265 g Abtropfgewicht)

2 EL Olivenöl

2 EL Honig

2 TL gemahlener Koriander

1 TL gemahlener Kreuzkümmel

Zimtpulver

2 Dosen stückige Tomaten (je 400 g)

600 ml Gemüsebrühe

1 Handvoll Minzeblätter

1 Bio-Zitrone

20 g Butter

Salz | Pfeffer

1 Die Zwiebeln und den Knoblauch schälen. Zwiebeln grob, Knoblauch fein würfeln. Die Möhren schälen und in Scheiben schneiden. Kichererbsen in ein Sieb abgießen, kalt abbrausen und abtropfen lassen.

2 Öl in einem Topf erhitzen und die Zwiebeln darin anbraten. Die Möhren kurz mitbraten. Knoblauch und Honig hinzufügen und kurz karamellisieren. Koriander, Kreuzkümmel und 1 Prise Zimt dazugeben und kurz mitdünsten. Dann Dosentomaten, Kichererbsen und Brühe hinzufügen. Alles aufkochen und 8–10 Min. köcheln lassen.

3 Die Minze waschen, trocken schütteln und in Streifen schneiden. Die Zitrone heiß waschen, abtrocknen und die Schale abreiben. Etwas Saft auspressen.

4 Die Suppe vom Herd nehmen und die Butter darin schmelzen. Minze und Zitronenschale unterrühren. Die Suppe mit Salz, Pfeffer, Zitronensaft und Honig abschmecken und servieren.

TUNINGTIPP
Kleines Extra gefällig? Die Suppe einfach mit einem Klecks Quark, Joghurt oder Ziegenfrischkäse servieren.

PLUS

Lammwürstchen

Zusätzlich brauchen Sie:

4 Merguez (würzige Lammbratwürstchen)

1 Die Kichererbsen-Tomaten-Suppe wie links in den Schritten 1 bis 4 beschrieben zubereiten.

2 Die Würstchen in etwas Öl in einer Pfanne rundherum braten. In Scheiben schneiden und kurz in der Suppe ziehen lassen.

Tomaten-Gemüse-Suppe

In dieser Suppe lassen fruchtige Cocktailtomaten, vollreif geerntete Tomaten aus der Dose und Honig die Sommeraromen auf der Zunge tanzen. Ade, fade Tomaten aus dem Gewächshaus!

FÜR 4 PERSONEN | ZUBEREITUNG: CA. 25 MIN. | PRO PORTION CA. 245 KCAL

1 Zucchino (ca. 200 g)	je 2 TL getrockneter Thymian	1–2 EL Rotweinessig
2 Stangen Staudensellerie	und Majoran	1 TL gemahlener Koriander
150 g Möhren	2 EL Honig	50 g Sahne
1 Zwiebel	400 ml Gemüsebrühe	Salz
2 Knoblauchzehen	2 Dosen stückige Tomaten	Pfeffer
250 g Cocktailtomaten	(je 400 g)	Cayennepfeffer
2 EL Olivenöl	50 g Butter	1 Handvoll Basilikumblätter

1 Zucchino und Sellerie putzen und waschen, die Möhren schälen und alles getrennt voneinander klein würfeln. Zwiebel und Knoblauch schälen und ebenfalls getrennt fein würfeln. Tomaten waschen und halbieren.

2 Das Olivenöl in einem Topf erhitzen und zunächst Sellerie, Möhre und Zwiebel darin andünsten. Die Kräuter, die Tomaten, den Zucchino, die Hälfte des Knoblauchs und den Honig hinzufügen und ohne zu bräunen weiterdünsten, bis das Gemüse knapp gar ist.

3 Brühe, stückige Tomaten, Butter, 1 EL Essig und Koriander dazugeben. Alles aufkochen und bei schwacher bis mittlerer Hitze ca. 5 Min. köcheln lassen.

4 Restlichen Knoblauch und Sahne unterrühren und noch ca. 2 Min. ziehen lassen. Die Suppe mit Salz, Pfeffer, Essig und Cayennepfeffer abschmecken.

5 Das Basilikum waschen, trocken schütteln und in Streifen schneiden. Die Suppe auf tiefe Teller verteilen und mit dem Basilikum bestreuen.

PLUS

Mozzarella-Hackbällchen

Zusätzlich brauchen Sie:

1/2 Kugel Mozzarella (65 g)
1 Knoblauchzehe
400 g Rinderhackfleisch
2 TL getrockneten Thymian
2 EL Olivenöl

1 Für die Hackbällchen Mozzarella in 12 Würfel schneiden. Knoblauch schälen und fein würfeln. Hackfleisch mit Knoblauch und Thymian mischen, mit Salz und Pfeffer würzen.

2 Das Hackfleisch in 12 Portionen teilen und diese zu flachen Kreisen formen. Je ein Stück Mozzarella in die Mitte setzen, das Hackfleisch rundherum verschließen und zu gleichmäßigen Kugeln rollen.

3 Die Schritte 1 bis 3 wie links beschrieben ausführen. Während des Köchelns die Hackbällchen im Öl rundherum braun braten. Die Suppe wie links beschrieben fertigstellen und auf tiefe Teller verteilen. Die Hackbällchen darauf anrichten und mit dem Basilikum bestreuen.

TAUSCHTIPP

Fans kräftiger Käsesorten füllen die Hackbällchen beispielsweise mit Feta, Gruyère oder Manchego.

Vietnamesische Nudelsuppe

Nach China-, Indien- und Thaiküche ist die raffinierte Vietnamküche der nächste ganz große Trend aus Ostasien. Dabei steht diese Nudelsuppe ganz oben auf der Beliebtheitsskala.

FÜR 4 PERSONEN | ZUBEREITUNG: CA. 30 MIN. | PRO PORTION CA. 195 KCAL

150 g Asia-Reisnudeln	1 Handvoll Minzeblättchen	6 Gewürznelken
1 Zwiebel	200 g braune Champignons	3 EL helle Sojasauce
30 g Ingwer	150 g Mungbohnensprossen	3 TL brauner Zucker
3 Knoblauchzehen	1,2 l Gemüsefond oder -brühe	150 g küchenfertiger Spinat
2 rote Chilischoten	1/2 TL Zimtpulver	Salz
3 Frühlingszwiebeln	2 Stück Sternanis	1 Bio-Limette

---

1 Die Reisnudeln nach Packungsanweisung in heißem Wasser einweichen oder in kochendem Wasser garen, kalt abschrecken und abtropfen lassen.

2 Zwiebel, Ingwer und Knoblauch schälen. Zwiebel halbieren und in Streifen schneiden. Ingwer und Knoblauch fein würfeln. Die Chilischoten aufschlitzen, entkernen und waschen. Frühlingszwiebeln putzen, waschen und in Ringe schneiden. Minze waschen und trocken tupfen. Pilze putzen, trocken abreiben und in dicke Scheiben schneiden. Die Sprossen in einem Sieb kalt abspülen und abtropfen lassen.

3 Nudeln zu Nestern drehen und auf tiefe Teller verteilen. Frühlingszwiebeln und Minze dazugeben.

4 Den Gemüsefond in einen Topf geben. Die Zwiebeln, den Ingwer, den Knoblauch und die Chilis dazugeben, Gewürze, Sojasauce und Zucker hinzufügen. Alles aufkochen und bei mittlerer Hitze 5 Min. kochen.

5 Den Fond durch ein Sieb gießen, zurück in den Topf füllen und aufkochen. Pilze und Sprossen darin 3 Min. garen. Mit dem Schaumlöffel herausnehmen und neben den Nudeln anrichten. Den Spinat im Würzfond zusammenfallen lassen, mit dem Schaumlöffel herausheben und ebenfalls auf die Teller geben.

6 Die Suppe mit Salz abschmecken und darübergießen. Die Limette waschen, vierteln und zum Nachwürzen mit der Suppe anrichten.

PLUS

Rindfleisch (Pho bo)

Dafür Gemüsefond bzw. -brühe nach Belieben durch Rinderfond ersetzen. Zusätzlich brauchen Sie:

250 g Rinderfilet
ca. 1 EL Fischsauce

1 Die Suppe wie links in den Schritten 1 bis 3 beschrieben vorbereiten. Das Rinderfilet in hauchdünne Scheiben schneiden und mit den Nudeln, den Frühlingszwiebeln und der Minze auf die Teller verteilen.

2 Den Fond wie links in Schritt 4 beschrieben mit den Würzzutaten kochen. Die Suppe jedoch zusätzlich mit Fischsauce abschmecken. Noch einmal aufkochen und kochend heiß auf die Teller verteilen, damit das Rindfleisch darin etwas garen kann. Wie beschrieben servieren.

TAUSCHTIPP

Raffiniert: Statt der Einzelgewürze Zimt, Sternanis und Nelken können Sie auch 2–3 TL Lebkuchengewürz verwenden.

Süßkartoffel-Zitronengras-Suppe

Genau das Richtige für Kochanfänger: Hier muss nicht viel geschnippelt oder stundenlang gekocht werden. In wenigen Minuten ist diese Suppe gar und sorgt für ein erstes Erfolgserlebnis.

FÜR 4 PERSONEN | ZUBEREITUNG: CA. 30 MIN. | PRO PORTION CA. 215 KCAL

2 Zwiebeln
20 g Ingwer
650 g Süßkartoffeln
2 EL Öl

1 EL brauner Zucker
2–3 TL Zitronengraspaste
    (aus dem Asienladen)
500 ml Gemüsebrühe

400 ml Kokosmilch
Salz
Cayennepfeffer
ca. 1 EL Limettensaft

1 Die Zwiebeln und den Ingwer schälen und fein würfeln. Die Süßkartoffeln schälen und klein schneiden.

2 Öl in einem Topf erhitzen. Zwiebeln und Ingwer darin andünsten. Süßkartoffeln, Zucker und 2 TL Zitronengraspaste hinzufügen und 3 Min. mitdünsten.

3 Brühe und Kokosmilch angießen, aufkochen und alles bei schwacher bis mittlerer Hitze zugedeckt ca. 10 Min. köcheln lassen.

4 Die Suppe mit dem Pürierstab fein pürieren und mit Salz, Zitronengraspaste, Cayennepfeffer und Limettensaft würzig abschmecken.

TUNINGTIPP

Klassische Ergänzungen aus dem Asia-Kräuterregal: Frische, aromatische Toppings sind Thai-Basilikum, Koriandergrün oder Schnittknoblauch – alles fein gehackt oder in Röllchen geschnitten.

PLUS

Garnelenspieße

Zusätzlich brauchen Sie:

6 EL Öl | 2 EL Limettensaft
1 TL braunen Zucker | 1 TL Zitronengraspaste
Cayennepfeffer | 1 Knoblauchzehe
24 geschälte Riesengarnelen (ca. 500 g)
4 Stängel Zitronengras

1 Für die Spieße 4 EL Öl, Limettensaft, Zucker, Zitronengraspaste und 1 Prise Cayennepfeffer verrühren. Knoblauch schälen und dazupressen.

2 Die Garnelen waschen, trocken tupfen, am Rücken einritzen und den Darmfaden entfernen. Zitronengras waschen, die trockenen Außenblätter entfernen, trockene Spitzen abschneiden und die Stängel längs halbieren.

3 Die Garnelen mittig mit einem Messer durchbohren und je 3 auf einen Zitronengrasstängel stecken. Mit der Marinade bepinseln und 30 Min. kalt stellen. Inzwischen die Suppe wie links in den Schritten 1 bis 4 beschrieben vorbereiten und zugedeckt warm halten.

4 Garnelenspieße in einer Pfanne in 2 EL Öl von beiden Seiten je 2–3 Min. anbraten und salzen. Die Suppe in Schalen anrichten und die Garnelenspieße auf den Rand legen.

Zucchinicreme mit Mozzarella-Tatar

Hier sorgt die Einlage für das Aha-Erlebnis: Ob Tatar aus Mozzarella oder Lachs – zu Nocken geformt sind beide nicht nur ein optisches Highlight.

FÜR 4 PERSONEN | ZUBEREITUNG: CA. 35 MIN. | PRO PORTION CA. 255 KCAL

2 Zwiebeln	1 1/2–2 EL Rotweinessig	1 kleine Handvoll Dillspitzen
2 Knoblauchzehen	2 TL Zucker	Salz	Pfeffer
800 g Zucchini	600 ml Gemüsebrühe	200 g Frischkäse
2 EL Olivenöl	2 Tomaten	
1 Lorbeerblatt	1 Kugel Mozzarella (125 g)	

1 Die Zwiebeln und den Knoblauch schälen und getrennt fein würfeln. Zucchini waschen und putzen. 100 g Zucchini für das Tatar beiseitelegen, den Rest würfeln.

2 Öl in einem Topf erhitzen und die Zwiebelwürfel darin andünsten. Zucchini, Knoblauch und das Lorbeerblatt hinzufügen und unter Rühren ca. 5 Min. weiterdünsten. 1 EL Essig, Zucker und Brühe hinzufügen und zugedeckt bei schwacher bis mittlerer Hitze ca. 8 Min. köcheln lassen.

3 Inzwischen für das Mozzarella-Tatar das übrige Zucchinistück klein würfeln. Die Tomaten waschen, halbieren, Stielansatz und Kerne entfernen und die Tomatenhälften klein würfeln. Mozzarella abtropfen lassen und ebenfalls würfeln. Dill waschen, trocken tupfen und fein hacken. Zucchini, Tomaten, Mozzarella und 2 TL Dill mischen. Mit Salz, Pfeffer und etwas Essig kräftig abschmecken.

4 Das Lorbeerblatt aus der Suppe entfernen, den Frischkäse dazugeben und die Suppe mit dem Pürierstab fein pürieren. Mit Salz und Pfeffer abschmecken und die Hälfte des übrigen Dills unterrühren.

5 Die Suppe auf tiefe Teller verteilen. Aus dem Tatar mit den Händen unter kräftigem Druck insgesamt 12 Nocken formen und vorsichtig in der Suppe anrichten. Mit dem restlichen Dill garniert servieren.

SERVIERTIPP

Erfrischung gefällig? An heißen Sommertagen können Sie die Suppe auch einmal eisgekühlt servieren.

PLUS

Lachstatar

Dafür den Mozzarella weglassen. Zusätzlich brauchen Sie:

150 g Lachsfilet (am besten mit MSC-Siegel)

1 Zunächst die Suppe wie links in den Schritten 1 und 2 beschrieben ansetzen. Anschließend für das Lachstatar das Lachsfilet waschen, mit Küchenpapier gründlich trocken tupfen und fein würfeln.

2 Die restlichen Tatar-Zutaten wie links in Schritt 3 beschrieben vorbereiten und das Lachsfilet anstelle von Mozzarella untermischen.

3 Die Suppe wie links in Schritt 4 beschrieben fertigstellen. Auf tiefe Teller verteilen und das Lachstatar in Nocken darauf anrichten.

Selleriecreme mit Kerbel

Sellerie wird in der feinen Küche immer beliebter, denn man kann ihn wunderbar zu cremigen Suppen verarbeiten. Diese hier lockt mit Vermouth- und Kerbelaroma, was auch perfekt zu den Krabben passt.

FÜR 4 PERSONEN | ZUBEREITUNG: CA. 35 MIN. | PRO PORTION CA. 320 KCAL

1 Zwiebel	50 ml Vermouth (z. B. Martini bianco)	1 Handvoll Kerbel
700 g Knollensellerie	400 ml Gemüsebrühe	200 ml Milch
40 g Butter	Zucker	Salz | Pfeffer
1 Wacholderbeere	200 g Sahne	Apfelessig

1 Die Zwiebel schälen und fein würfeln. Den Knollensellerie schälen und erst in grobe Stücke, dann in dünne Scheiben schneiden.

2 Die Butter in einem Topf erhitzen und die Zwiebeln darin glasig dünsten. Sellerie und die zerdrückte Wacholderbeere dazugeben und alles unter Rühren weitere 8 Min. dünsten.

3 Mit dem Vermouth ablöschen und diesen etwas verkochen lassen. Die Brühe angießen, 1 Prise Zucker dazugeben, alles aufkochen und zugedeckt bei schwacher bis mittlerer Hitze nochmals ca. 8 Min köcheln lassen.

4 Inzwischen die Sahne steif schlagen. Kerbel waschen, trocken tupfen und fein hacken. Die Milch zur Selleriesuppe geben, alles mit dem Pürierstab fein pürieren und nochmals erhitzen.

5 Zwei Drittel der Sahne unterheben und die Suppe mit Salz, Pfeffer und etwas Essig abschmecken. Den Kerbel bis auf 2 TL unterrühren. Die Suppe auf tiefe Teller verteilen. Mit der restlichen Sahne und dem Kerbel garnieren.

TAUSCHTIPP

Grüne Varianten: Statt mit Kerbel können Sie die Selleriecremesuppe auch mit gehackter Petersilie oder gehacktem Estragon garnieren.

PLUS

Nordseekrabben

Dafür nach Belieben Fischfond statt Gemüsebrühe verwenden. Zusätzlich brauchen Sie:

125 g gegarte Nordseekrabben

Die Suppe wie links in den Schritten 1 bis 5 beschrieben zubereiten und auf Teller verteilen. Mit der restlichen Sahne, dem Kerbel und den Nordseekrabben garnieren.

Speckknödelsuppe

Schöne Grüße aus Südtirol: Wer am Tage fleißig gewandert oder gekraxelt ist,
darf sich am Abend mit dieser zünftigen Suppe stärken – zu Hause schmeckt sie natürlich ebenso gut!

FÜR 4 PERSONEN | ZUBEREITUNG: CA. 1 STD. | PRO PORTION CA. 505 KCAL

1 Zwiebel	2 Eier
100 g Schinkenspeck	Salz
1 EL Butter	1 kleine Stange Lauch
2 EL gehackte Petersilie	100 g Möhren
4 altbackene Brötchen	1,2 l klare Rinderbrühe
2 EL Mehl	Pfeffer
150 ml Milch	1–2 EL Schnittlauchröllchen

1 Die Zwiebel schälen und fein würfeln. Den Speck ohne Schwarte ebenfalls fein würfeln und in der Butter anbraten. Die Zwiebeln hinzufügen und glasig dünsten. Die Petersilie dazugeben und kurz mitdünsten. Dann die Zwiebel-Speck-Mischung etwas abkühlen lassen.

2 Die Brötchen klein würfeln und mit der Speck-Zwiebel-Mischung und dem Mehl in eine Schüssel geben. Die Milch erwärmen und mit den Eiern verquirlen. In die Schüssel geben und etwas salzen. Die Masse etwas vermengen und 20 Min. ziehen lassen.

3 Inzwischen für die Suppe den Lauch putzen, in Ringe schneiden, waschen und abtropfen lassen. Die Möhren schälen und in dünne Scheiben schneiden.

4 Die Knödelmasse gut durchkneten. Mit angefeuchteten Händen 8 Knödel daraus formen. In leicht siedendes Salzwasser geben, einmal aufkochen, die Hitze wieder reduzieren und die Knödel in ca. 20 Min. gar ziehen lassen.

5 Inzwischen die Brühe erhitzen und das Gemüse darin bei schwacher Hitze ca. 10 Min. garen. Die Speckknödel noch 5 Min. in der Brühe ziehen lassen, dann auf tiefe Teller setzen. Die Suppe mit Salz und Pfeffer abschmecken und dazugießen. Mit Schnittlauch garnieren und servieren.

TAUSCHTIPP

Sie legen Wert auf Originalität? Dann verwenden Sie für die Suppe echten Südtiroler Speck.

Käsknödelsuppe mit Spinat

In Allgäuer Gasthöfen sehr beliebt: Dort wird die Käsknödelsuppe meist ohne weitere Einlage serviert.
Zu schade, denn Spinat zum Käse ist einfach eine feine Kombination!

FÜR 4 PERSONEN | ZUBEREITUNG: CA. 35 MIN. | PRO PORTION CA. 370 KCAL

150 g altbackenes Weißbrot
  oder Brötchen
2 EL Mehl
60 ml Milch
2 Eier
1 kleine Zwiebel
50 g weiche Butter

2 EL gehackte Petersilie
80 g Bergkäse oder Emmentaler
  (am Stück)
Salz
Pfeffer
frisch geriebene Muskatnuss
einige EL Semmelbrösel

1 kleiner Bund Schnittlauch
1,2 l Gemüsebrühe
200 g küchenfertiger Blattspinat

1 Das Brot klein würfeln, im Blitzhacker fein zermahlen und mit dem Mehl in eine Schüssel geben. Milch erwärmen. Eier verquirlen und unter die Milch rühren. Zum Brot gießen, gut vermischen und das Brot quellen lassen.

2 Inzwischen die Zwiebel schälen, fein würfeln und in 1 EL Butter glasig dünsten. Petersilie kurz mitdünsten und alles abkühlen lassen. Den Käse reiben.

3 Petersilien-Zwiebel-Mischung, restliche Butter und Käse zur Brotmasse geben. Mit Salz, Pfeffer und Muskat würzen. Verkneten und so viel Semmelbrösel hinzufügen, bis eine gut formbare Masse entstanden ist.

4 Aus der Masse mit angefeuchteten Händen zwölf kleine Knödel formen. Diese in einem Topf mit leicht siedendem Salzwasser in ca. 12 Min. gar ziehen lassen.

5 Inzwischen den Schnittlauch waschen, trocken schütteln und in Röllchen schneiden. Die Brühe erhitzen. Die Knödel aus dem Salzwasser nehmen und noch 3 Min. in der Brühe gar ziehen lassen. Den Spinat dazugeben und kurz zusammenfallen lassen. Mit einer Schaumkelle herausheben, auf Suppenschalen verteilen. Die Knödel darauf anrichten. Die Brühe dazugießen und die Suppe mit Schnittlauch garnieren.

TUNINGTIPP

Die Knödel vertragen – je nach persönlichem Geschmack – auch noch etwas gemahlenen Kümmel.

Bergkäsesuppe

Es müssen nicht immer Lauch, Hackfleisch und schnöder Schmelzkäse sein. Mit Fantasie und hochwertigen Zutaten lassen sich unter dem Motto »Käsesuppe« auch Köstlichkeiten wie diese zaubern.

FÜR 4 PERSONEN | ZUBEREITUNG: CA. 30 MIN. | PRO PORTION CA. 560 KCAL

30 g Haselnussblättchen	Salz	2 EL Mehl
1 Bund Bärlauch	Pfeffer	60 ml trockener Weißwein (z. B. Riesling)
50 ml Öl	2 Zwiebeln	300 ml heiße Milch
1 TL Honig	200 g Bergkäse (am Stück)	600 ml Gemüsebrühe
2 TL Zitronensaft	50 g Butter	2 Scheiben Holzofenbrot

1 Für das Pesto die Haselnüsse in einer Pfanne ohne Fett hellbraun anrösten. Den Bärlauch waschen, trocken tupfen und grob hacken. Mit Öl, Honig und Zitronensaft im Mixbecher mit dem Pürierstab oder im Blitzhacker fein pürieren. Mit Salz und Pfeffer abschmecken.

2 Die Zwiebeln schälen und fein würfeln. Den Käse reiben. Die Butter in einem Topf erhitzen und die Zwiebeln darin glasig dünsten. Mehl darüberstäuben und hell anschwitzen. Mit dem Wein ablöschen und unter Rühren etwas verkochen lassen.

3 Die heiße Milch angießen, alles erhitzen und den Käse darin unter Rühren schmelzen. Die Brühe hinzufügen und alles unter Rühren leicht dicklich einkochen. Mit Salz und Pfeffer abschmecken.

4 Das Brot toasten und würfeln. Die Brotwürfel auf vier tiefe Teller verteilen und die Suppe daraufgeben. Mit etwas Pesto beträufeln und servieren. (Übriges Pesto hält sich im Kühlschrank in einem gut verschlossenen Glas mit Öl bedeckt mindestens 1 Woche.)

PRAXISTIPP

Servieren Sie die Suppe außerhalb der kurzen Bärlauchzeit im Frühling mit Bärlauch- oder Basilikumpesto aus dem Handel (ohne Parmesan!). Wer mag, schmeckt noch mit frisch geriebener Muskatnuss ab.

PLUS

Kalbsfilet

Dafür Bärlauchpesto und Brot weglassen. Nach Belieben statt Bergkäse Appenzeller Käse oder Gruyère verwenden. Zusätzlich brauchen Sie:

300 g Kalbsfilet
1 EL Öl
4 TL Trüffelbutter (Fertigprodukt; nach Belieben)

1 Die Suppe wie links in den Schritten 1 bis 3 beschrieben zubereiten und zugedeckt warm halten.

2 Das Filet in Streifen schneiden. Das Öl in der Pfanne erhitzen und die Filetstreifen rundherum hellbraun braten. Mit Salz und Pfeffer würzen.

3 Die Suppe auf tiefe Teller verteilen und die Filetstreifen hineingeben. Nach Belieben je 1 TL Trüffelbutter daraufgeben und in der Suppe schmelzen.

Paprika-Curry-Topf

Irgendwo zwischen deftiger Partysuppe und klassischem Asia-Curry ist dieser Eintopf einzuordnen.
Eine wahre Gewürz-Armada sorgt dabei für ordentlich Aroma und ein angenehmes Feuer.

FÜR 4 PERSONEN | ZUBEREITUNG: CA. 35 MIN. | PRO PORTION CA. 495 KCAL

400 g grüne Bohnen	3 EL Öl	1 TL gemahlener Ingwer
Salz	4 Knoblauchzehen	400 ml Kokosmilch
100 g gesalzene Erdnüsse	3–4 EL brauner Zucker	800 ml Gemüsebrühe
400 g rote Spitzpaprikaschoten	1 EL Tomatenmark	500 g Süßkartoffeln
2 Zwiebeln	3 TL edelsüßes Paprikapulver	Cayennepfeffer
1 Dose Mais (285 g Abtropfgewicht)	2 TL Currypulver	ca. 1–2 EL Limettensaft

1 Die Bohnen putzen, waschen, halbieren und in Salzwasser bei mittlerer Hitze in ca. 10 Min. bissfest garen.

2 Inzwischen 60 g Erdnüsse im Blitzhacker fein zermahlen. Die Paprika längs halbieren, entkernen, waschen und klein würfeln. Die Zwiebeln schälen und fein würfeln. Den Mais abtropfen lassen.

3 Öl in einer Pfanne erhitzen und die Zwiebeln darin andünsten. Die gemahlenen Erdnüsse dazugeben und mitdünsten. Knoblauch schälen und dazupressen, 3 EL Zucker und Tomatenmark dazugeben und leicht karamellisieren. Die Gewürze unterrühren.

4 Kokosmilch und Brühe hinzufügen. Paprika und Mais dazugeben, alles aufkochen und bei schwacher bis mittlerer Hitze 10 Min. köcheln lassen.

5 Inzwischen die Bohnen in ein Sieb abgießen und abtropfen lassen. Die Süßkartoffeln schälen und in Scheiben schneiden. Beides in die Suppe geben und das Ganze weitere 10 Min. garen.

6 Die Suppe mit Salz, Cayennepfeffer, Zucker und Limettensaft abschmecken. Auf tiefe Teller verteilen, mit den restlichen Erdnüssen bestreuen und mit Cayennepfeffer nach Belieben etwas nachschärfen.

PLUS

Rinderfilet

Dafür die Süßkartoffeln weglassen und statt Gemüsebrühe nach Belieben Rinderbrühe verwenden. Zusätzlich brauchen Sie:

300 g Rinderfilet

Das Curry – abgesehen von den Süßkartoffeln – wie links in den Schritten 1 bis 5 beschrieben zubereiten. Das Rinderfilet in dünne Streifen schneiden. Gegen Ende der Garzeit in das Curry geben und in ca. 2 Min. bei schwacher Hitze knapp gar ziehen lassen.

TAUSCHTIPP

Für Alltag oder Party tut es statt Filet auch Hackfleisch: 300 g Rinderhack in etwas Öl bröselig braten und mit Salz und Pfeffer würzen. Mit den Bohnen in das Curry geben.

Erbsen-Tofu-Eintopf

Das Auge isst zwar mit, aber hier darf der Gaumen allein entscheiden. Denn dieser Eintopf schmeckt so gut, dass man über seine für manche vielleicht fehlenden optischen Qualitäten gerne hinwegsieht.

FÜR 4 PERSONEN | ZUBEREITUNG: CA. 1 STD. 15 MIN. | PRO PORTION CA. 360 KCAL

2 Zwiebeln

5 Stangen Staudensellerie

4 EL Öl

300 g halbe Erbsen

700 g vorwiegend festkochende
  Kartoffeln

200 g Möhren

2 TL getrockneter Majoran

1 1/2 EL gekörnte Gemüsebrühe

Salz

300 g Bio-Räuchertofu

1 Bund Frühlingszwiebeln

2 Knoblauchzehen

4 EL helle Sojasauce

3–4 EL Rotweinessig

Pfeffer

1 Die Zwiebeln schälen und fein würfeln. Die Selleriestangen waschen, putzen und in dünne Scheiben schneiden. Die Zwiebeln in 2 EL Öl andünsten. Den Sellerie dazugeben und kurz mitdünsten. Die Erbsen hinzufügen und 1,3 l Wasser angießen. Alles aufkochen und zugedeckt bei schwacher Hitze 40 Min. köcheln lassen.

2 Die Kartoffeln schälen und würfeln. Die Möhren schälen und in Scheiben schneiden. Beides mit dem Majoran, der gekörnten Brühe und etwas Salz zu den Erbsen geben und zugedeckt weitere 20 Min. köcheln lassen, dabei evtl. noch etwas Wasser dazugeben.

3 Inzwischen den Tofu würfeln. Die Frühlingszwiebeln putzen, waschen und in Ringe schneiden. Restliches Öl in einer Pfanne erhitzen und den Tofu darin rundherum goldbraun braten. Frühlingszwiebeln dazugeben und kurz mitbraten. Den Knoblauch schälen und dazupressen. Mit Sojasauce und 2 EL Essig ablöschen, verkochen lassen und mit Salz abschmecken.

4 Zwei Drittel der Tofu-Frühlingszwiebel-Mischung unter das Erbsengemüse rühren. Mit Salz, Pfeffer und Essig abschmecken. Auf tiefe Teller verteilen, den restlichen Tofu darauf anrichten und servieren.

TUNINGIPP

Sie können den Eintopf noch mit etwas Petersilienöl beträufeln. Dafür 1 Handvoll Petersilienblätter mit 1 gewürfelten Knoblauchzehe und 80 ml Rapsöl fein pürieren. Mit Salz, Zitronensaft und 1 Prise Zucker abschmecken.

PLUS

Heißwürstchen

Dafür den Tofu weglassen. Zusätzlich brauchen Sie

300 g Heißwürstchen (Bockwürstchen)

Den Eintopf und auch die Tofu-Frühlingszwiebel-Mischung wie links in den Schritten 1 bis 5 beschrieben zubereiten, dabei jedoch den Tofu durch die in Scheiben geschnittenen Würstchen ersetzen.

Gulaschtopf mit Sauerkraut

Was lange köchelt, wird endlich gut – und zum Szegediner Gulasch: Wer etwas mehr als 2 Stunden Geduld hat, darf als Belohnung einen Eintopf genießen, der jeden Genießer Löffel für Löffel in die Puszta versetzt.

FÜR 4 PERSONEN | ZUBEREITUNG: CA. 30 MIN. | GAREN: 2 STD. | PRO PORTION CA. 620 KCAL

600 g Rindergulasch	1–2 EL Zucker	1 EL edelsüßes Paprikapulver
1 rote Paprikaschote	2 TL getrockneter Majoran	1,2 l Rinderbrühe
100 g Möhren	50 ml trockener Rotwein	1 säuerlicher Apfel
3 Zwiebeln	(nach Belieben; z. B. Tempranillo)	400 g festkochende Pellkartoffeln
2 Knoblauchzehen	300 g Sauerkraut	vom Vortag
4 EL Öl	Salz	100 g Crème fraîche
2 EL Tomatenmark	Pfeffer	ca. 1 TL gemahlener Kümmel

1 Das Rindfleisch von Fett und Sehnen befreien und in ca. 3 cm große Würfel schneiden. Die Paprikaschote längs halbieren, entkernen, waschen und würfeln. Die Möhren schälen und würfeln. Die Zwiebeln und den Knoblauch schälen, die Zwiebeln in Spalten schneiden und den Knoblauch fein würfeln.

2 In einem großen Topf 2 EL Öl erhitzen, das Fleisch darin rundherum braun anbraten und wieder herausnehmen. Restliches Öl in den Topf geben, Zwiebeln und Knoblauch darin bei schwacher Hitze andünsten. Dann Paprika, Möhre, Fleisch, Tomatenmark, 1 EL Zucker und Majoran dazugeben und alles bei starker Hitze ca. 5 Min. unter Rühren braten. Nach Belieben mit dem Rotwein ablöschen und diesen etwas verkochen lassen.

3 Das Sauerkraut abtropfen lassen, dazugeben, mit Salz, Pfeffer und Paprikapulver würzen und die Brühe unterrühren. Bei schwacher Hitze und halb geschlossenem Deckel zugedeckt 1 1/2 Std. köcheln lassen.

4 Den Apfel schälen, halbieren, das Kerngehäuse entfernen und die Hälften würfeln. Die Kartoffeln pellen und würfeln. Crème fraîche, Apfel und Kartoffeln unter das Gulasch mischen und das Ganze weitere 30 Min. köcheln lassen. Mit Salz, Pfeffer, Zucker und Kümmel abschmecken. Das Gulasch auf Teller verteilen und dazu nach Belieben Holzofenbrot servieren.

Kürbis-Seitan-Gulasch

Für Gulaschverhältnisse sind 50 Minuten eine geradezu blitzschnelle Zubereitung! Doch nicht nur deswegen wird dieses vegetarische Gulasch schnell zum Favoriten – vor allem seine Würze begeistert.

FÜR 4 PERSONEN | ZUBEREITUNG: CA. 50 MIN. | PRO PORTION CA. 325 KCAL

800 g Hokkaidokürbis	2 EL Tomatenmark	1 EL Öl
400 g festkochende Kartoffeln	1 l Gemüsebrühe	100 g Crème fraîche
1 Zwiebel	2 TL edelsüßes Paprikapulver	Salz
1 rote Paprikaschote	2 TL getrockneter Majoran	Pfeffer
1 EL Butter	1 TL gemahlener Kümmel	Cayennepfeffer
2 Knoblauchzehen	abgeriebene Schale von 1 Bio-Zitrone	
1 EL Zucker	250 g Seitan (aus dem Bioladen)	

1 Den Kürbis gründlich waschen, den Stiel- und Blütenansatz entfernen und hässliche Schalenstellen wegschneiden. Den Kürbis halbieren und entkernen. Die Kartoffeln schälen. Beides in ca. 3 cm große Würfel schneiden. Zwiebel und Knoblauch schälen und – getrennt voneinander – fein würfeln. Die Paprika längs halbieren, entkernen, waschen und in mundgerechte Stücke schneiden.

2 Die Butter in einem großen Topf erhitzen. Zwiebeln und die Hälfte des Knoblauchs darin andünsten und beides wieder herausnehmen. Zucker und Tomatenmark in den Topf geben und leicht karamellisieren. Die Brühe angießen und mit Paprikapulver und Majoran würzen. Kartoffeln, Paprikawürfel und die Zwiebel-Knoblauch-Mischung hinzufügen, aufkochen und alles zugedeckt bei mittlerer Hitze ca. 10 Min. kochen.

3 Die Kürbiswürfel und den Kümmel hinzufügen und das Ganze weitere 8 Min. bei schwacher Hitze köcheln lassen.

4 Den restlichen Knoblauch mit der Zitronenschale mischen. Den Seitan in Würfel schneiden und in dem Öl rundherum knusprig braun braten. Mit der Knoblauch-Zitronenmischung zum Gulasch geben, die Crème fraîche unterrühren und noch 5 Min. ziehen lassen.

5 Das Gulasch mit Salz, Pfeffer und Cayennepfeffer abschmecken. Auf tiefe Teller verteilen und nach Belieben mit Petersilie bestreut servieren. Dazu passt Baguette.

Reistopf mit Quesadillas

Wem läuft bei geschmolzenem Käse nicht das Wasser im Mund zusammen?
Mit einem mild gewürzten Reiseintopf bilden die mexikanischen Fladen eine formidable Mahlzeit.

FÜR 4 PERSONEN | ZUBEREITUNG: CA. 50 MIN. | PRO PORTION CA. 455 KCAL

150 g Basmatireis
1 Zwiebel
2 Knoblauchzehen
100 g Möhren
1 kleine Stange Lauch
150 g Cocktailtomaten
1 grüne Paprikaschote
2 eingelegte Peperoni
1 kleine Dose Kidneybohnen
  (250 g Abtropfgewicht)

1 EL Butter
1,2 l Gemüsebrühe
1 TL gemahlener Koriander
120 g Cheddar (am Stück)
1 Frühlingszwiebel
1 Knoblauchzehe
2–3 EL Öl
1 TL Rotweinessig
2 Weizentortillas
edelsüßes Paprikapulver

Pfeffer
abgeriebene Schale und Saft
  von 1 Bio-Zitrone
Salz
1–2 TL Zucker
1–2 EL gehackte Petersilie oder
  gehacktes Koriandergrün

1 Den Reis in ein Sieb geben und waschen, bis das ablaufende Wasser klar bleibt, danach abtropfen lassen.

2 Die Zwiebel schälen, halbieren und in dicke Spalten schneiden, Knoblauch schälen und fein würfeln. Möhre schälen und würfeln. Lauch putzen, in Ringe schneiden, waschen und abtropfen lassen. Tomaten waschen und halbieren. Paprika längs halbieren, entkernen, waschen und würfeln. Die eingelegten Peperoni in Ringe schneiden. Bohnen in ein Sieb abgießen, waschen und abtropfen lassen.

3 Butter in einem Topf erhitzen, Zwiebel und Knoblauch darin andünsten. Möhre, Lauch und Paprika dazugeben und mitdünsten. Die Brühe angießen und mit Koriander würzen. Reis, Tomaten, Peperoni und Bohnen dazugeben. Alles aufkochen und 10 Min. zugedeckt bei schwacher bis mittlerer Hitze garen, danach noch 3–4 Min. ziehen lassen.

4 Für die Quesadillas den Käse reiben. Die Frühlingszwiebel waschen, trocken tupfen und in feine Ringe schneiden. Knoblauch schälen, durchpressen und mit 1 EL Öl und Essig verrühren.

5 Die Tortillas mit dem Knoblauchmix bestreichen. Einen Fladen mit dem geriebenen Käse und den Frühlingszwiebeln belegen, mit Paprikapulver und Pfeffer würzen. Die zweite Tortilla mit der bestrichenen Seite auf den Käse legen und etwas andrücken.

6 Das restliche Öl in einer Pfanne erhitzen und die Tortillas darin von beiden Seiten goldbraun braten, bis der Käse geschmolzen ist.

7 Die Zitronenschale in den Reiseintof einrühren, mit Salz, Pfeffer, Zucker und Zitronensaft abschmecken. Auf Teller verteilen und mit Petersilie bzw. Koriander bestreuen. Die Quesadillas achteln und dazu servieren.

PLUS

Hackfleisch

Zusätzlich brauchen Sie:

50 g Rinderhack
1 TL Öl

1 Das Hackfleisch in der Pfanne im Öl bröselig braten und mit Salz, Pfeffer und Paprikapulver würzen. Herausnehmen und die Pfanne säubern.

2 Den Rest des Gerichts wie links in den Schritten 1 bis 7 beschrieben zubereiten, dabei zusätzlich zum Käse noch das Hackfleisch auf den Tortillas verteilen.

Kartoffeln, Gemüse und Hülsenfrüchte

Was dem Vegetarier recht ist, macht auch Fleisch-
und Fischfans glücklich. Kartoffeln, Gemüse und
Hülsenfrüchte sind für Veggies als Basis für schmackhafte
und ausgewogene Hauptgerichte die großen Stars.
Bei den pflanzenessenden Fleischköstlern gewinnen
sie als unverzichtbare und heißgeliebte Beilagen
immerhin den Oscar für die beste Nebenrolle.

Kartoffel-Spargel-Gratin

Ob klassisch mit Sauce hollandaise und Kartoffeln als Beilage oder wie hier in der Auflaufform zum Gratin vereint: Die Kombination aus Spargel und Erdäpfeln ist einfach unschlagbar.

FÜR 4 PERSONEN | ZUBEREITUNG: CA. 45 MIN. | BACKEN: CA. 30 MIN. | PRO PORTION CA. 575 KCAL

800 g festkochende Kartoffeln
Salz
600 g weißer Spargel
200 g Crème fraîche
200 g Sahne | 2 TL Senf
2 EL Aceto balsamico bianco

abgeriebene Schale von 1 Bio-Zitrone
1 Knoblauchzehe
100 g Emmentaler oder Bergkäse
  (am Stück)
Pfeffer
frisch geriebene Muskatnuss

1 Handvoll gemischte Kräuter
  (z. B. Schnittlauch, Bärlauch, Petersilie
  oder Rucola)
Außerdem:
Topf mit Dämpfeinsatz
Auflaufform (20 × 30 cm)

1 Die Kartoffeln waschen, in einem Topf knapp mit Salzwasser bedecken und zugedeckt bei schwacher bis mittlerer Hitze in ca. 30 Min. gar kochen. Inzwischen den Spargel schälen, die holzigen Enden abschneiden und die Stangen in mundgerechte Stücke schneiden. In einem Topf mit Dämpfeinsatz über kochendem Wasser zugedeckt in ca. 3–4 Min. sehr bissfest dämpfen. Kalt abschrecken und abtropfen lassen.

2 Für den Guss Crème fraîche, Sahne, Senf, Essig und Zitronenschale verrühren. Den Knoblauch schälen und dazupressen. Den Käse reiben und unterrühren. Mit Salz, Pfeffer und Muskatnuss kräftig abschmecken.

3 Den Backofen auf 200° vorheizen. Die Kartoffeln etwas ausdampfen lassen, dann noch heiß pellen und in dicke Scheiben schneiden. Vorsichtig mit dem Spargel und dem Guss mischen und in die Auflaufform füllen. Im heißen Backofen (Mitte; Umluft 180°) 25–30 Min. backen, bis die Oberfläche leicht gebräunt ist.

4 Inzwischen die Kräuter waschen, trocken schütteln, evtl. Blätter abzupfen und fein hacken. Das Gratin etwas abkühlen lassen, auf Teller verteilen und mit den Kräutern bestreuen. Dazu passt ein grüner Salat.

PLUS

Lachs

Zusätzlich brauchen Sie:

200 g Räucherlachs in Scheiben

1 Die Kartoffeln wie links in Schritt 1 beschrieben kochen. Den Spargel vorbereiten, die Stangen aber nur halbieren und dann dämpfen. Inzwischen den Guss wie in Schritt 2 beschrieben zubereiten.

2 Die etwas ausgedampften Kartoffeln noch heiß pellen und in dicke Scheiben schneiden, vorsichtig mit der Hälfte des Gusses mischen und in die Auflaufform geben.

3 Je 2 Spargelstücke in 1 Scheibe Räucherlachs rollen und auf die Kartoffeln legen. Mit dem restlichen Guss bedecken und wie in Schritt 3 beschrieben backen. Mit den Kräutern bestreut servieren.

Pannfisch mit Senfsauce

Klassiker der Hamburger Küche: Was als günstige Resteverwertung für hungrige Hamburger Hafenarbeiter auf St. Pauli seine Karriere begann, hat sich inzwischen zu einer echten Spezialität gemausert.

FÜR 4 PERSONEN | ZUBEREITUNG: CA. 45 MIN. | PRO PORTION CA. 405 KCAL

6 Schalotten
800 g festkochende Pellkartoffeln
 (vom Vortag)
4 EL Butterschmalz
20 g Butter
1 EL Mehl
50 ml trockener Weißwein

200 ml Milch
Salz
Pfeffer
edelsüßes Paprikapulver
100 g Sahne
1 EL mittelscharfer Senf
Zucker

2 EL gehackter Kerbel
600 g weißes Fischfilet (z. B. Kabeljau oder
 Seelachs, am besten mit MSC-Siegel)
Zitronensaft

1 Schalotten schälen und fein würfeln. Kartoffeln pellen und in dicke Scheiben schneiden. In einer großen Pfanne 1 EL Butterschmalz erhitzen, Würfel von 5 Schalotten darin ca. 5 Min. anbraten, dann herausnehmen. 2 EL Butterschmalz in die Pfanne geben und die Kartoffeln darin in ca. 15 Min. rundherum knusprig braun braten, dafür gelegentlich wenden, ohne zu rühren.

2 Inzwischen für die Senfsauce Butter in einem Topf erhitzen und die übrigen Schalottenwürfel darin andünsten. Mit Mehl bestäuben und kurz mit anschwitzen. Mit Wein ablöschen und etwas verkochen lassen. Die Milch angießen und bei schwacher Hitze 10 Min. köcheln lassen. Den Backofen auf 100° vorheizen.

3 Die Schalotten wieder zu den Kartoffeln geben, alles kurz weiterbraten und mit Salz, Pfeffer und Paprikapulver abschmecken. In eine Auflaufform füllen und im Ofen warm halten.

4 Sahne und Senf in die Sauce rühren. Mit Salz, Pfeffer und Zucker abschmecken und die Hälfte des Kerbels dazugeben. Zugedeckt warm halten.

5 Fisch waschen, trocken tupfen, mit Zitronensaft beträufeln und in mundgerechte Stücke schneiden. Den Fisch in einer Pfanne im übrigen Butterschmalz rundum braten, bis er gar und gebräunt ist. Mit Salz und Pfeffer würzen. Kartoffeln und Fisch zusammen auf Tellern anrichten. Mit der Senfsauce servieren, den restlichen Kerbel darüberstreuen.

Bratkartoffeln mit Paprika

Lieber aus rohen oder vorgekochten Kartoffeln? Fast kein Gericht, bei dem die Meinungen weiter auseinander gehen. Dieses Rezept garantiert jedoch in jedem Fall zufriedene Gesichter!

FÜR 4 PERSONEN | ZUBEREITUNG: CA. 35 MIN. | PRO PORTION CA. 160 KCAL

1 rote Paprikaschote
2 Zwiebeln
800 g festkochende Pellkartoffeln
  (vom Vortag, siehe Tipp)
3 EL Butterschmalz
Salz | Pfeffer
edelsüßes Paprikapulver

1 Die Paprika längs halbieren, entkernen, waschen und in mundgerechte Stücke schneiden. Die Zwiebeln schälen und fein würfeln. Die Kartoffeln pellen und in dicke Scheiben schneiden.

2 In einer großen Pfanne 1 EL Butterschmalz erhitzen, Zwiebeln und Paprikastücke darin ca. 5 Min. anbraten. Anschließend herausnehmen. Restliches Butterschmalz in die Pfanne geben und die Kartoffeln darin in ca. 15 Min. rundherum knusprig braun braten, dafür die Kartoffeln gelegentlich wenden, ohne zu rühren.

3 Paprika und Zwiebeln wieder dazugeben und alles zusammen noch 2–3 Min. braten. Mit Salz, Pfeffer und Paprikapulver abschmecken. Dazu passen Spiegeleier, Kräuterquark und ein grüner Salat.

TUNINGTIPP

Garnieren Sie die Bratkartoffeln noch mit in Röllchen geschnittenem Schnittlauch.

GELINGTIPP

Bratkartoffeln gelingen besonders gut mit Pellkartoffeln vom Vortag, da sie weniger Wasser abgeben und fester sind. Daher nehmen sie beim Braten auch weniger Fett auf.

Zitronenpüree mit Spiegelei

Kräftig getunte Hausfrauenküche: Was auf den ersten Blick wie ein Klassiker aus Mamas Repertoire aussieht, entpuppt sich bei genauerem Hinsehen als aromatische Neuinterpretation.

FÜR 4 PERSONEN | ZUBEREITUNG: CA. 35 MIN. | PRO PORTION CA. 535 KCAL

1 kg vorwiegend festkochende Kartoffeln	300 ml Gemüsebrühe	200 ml heiße Milch
Salz	120 g Butter	2 EL Sesamsamen
500 g Brokkoli	1 TL gemahlener Koriander	2 EL Öl
1 Bio-Zitrone	Pfeffer	4 Eier
	frisch geriebene Muskatnuss	

1 Die Kartoffeln schälen, vierteln und in einem Topf knapp mit Salzwasser bedecken. Zugedeckt aufkochen und bei schwacher bis mittlerer Hitze ca. 15 Min. kochen, bis die Kartoffeln gar sind.

2 Inzwischen den Brokkoli putzen und waschen. Die Röschen abschneiden, Stiel und Röschen in dünne Scheiben schneiden. Die Zitrone heiß waschen, abtrocknen, die Schale abreiben und den Saft auspressen.

3 Gemüsebrühe, 50 g Butter und Koriander in einem Topf aufkochen, den Brokkoli dazugeben und zugedeckt bei mittlerer Hitze in ca. 4 Min. bissfest garen.

4 Inzwischen die Kartoffeln abgießen und etwas ausdampfen lassen. Den Brokkoli mit Salz, Pfeffer, Muskatnuss und etwas Zitronensaft abschmecken und zugedeckt beiseitestellen.

5 Milch, restliche Butter und Zitronenschale zu den Kartoffeln geben und alles mit dem Kartoffelstampfer fein zerstampfen. Das Püree mit Salz, Pfeffer und Zitronensaft abschmecken und zugedeckt warm halten.

6 Die Sesamsamen in einer Pfanne ohne Fett anrösten. Das Öl dazugeben und den Sesam gleichmäßig in der Pfanne verteilen. Die Eier daraufschlagen und bei mittlerer Hitze zugedeckt ca. 5 Min. braten.

7 Das Püree auf Teller geben und den Brokkoli darauf anrichten. Die Eier mit Salz und Pfeffer würzen und auf den Brokkoli setzen. Sofort servieren.

TUNINGTIPP

Für eine orientalische Geschmacksrichtung geben Sie mit dem Sesam noch 1 TL Schwarzkümmel in die Pfanne.

PLUS

Speck

Dafür den Sesam weglassen. Zusätzlich brauchen Sie:

80 g Schinkenspeck (in dünnen Scheiben)

1 Püree und Brokkoli wie links in den Schritten 1 bis 5 beschrieben zubereiten.

2 Den Speck in einer Pfanne mit 1 EL Öl knusprig auslassen und wieder herausnehmen.

3 Restliches Öl in die Pfanne geben, die Eier hineinschlagen, den Speck darauf verteilen und die Spiegeleier bei mittlerer Hitze zugedeckt ca. 5 Min. braten. Dann wie in Schritt 7 beschrieben anrichten.

Ofenkartoffeln mit Meerrettichdip

Als gesunde Alternative zu Döner & Co. feiert die Ofenkartoffel gerade eine Renaissance in den Fast-Food-Läden. Warum also nicht auch zu Hause?

FÜR 4 PERSONEN | ZUBEREITUNG: CA. 20 MIN. | GAREN: CA. 1 STD. 30 MIN. | PRO PORTION CA. 335 KCAL

4 große mehligkochende Kartoffeln
  (je ca. 350 g)
1 Rote Bete (250–300 g)
250 g Magerquark
200 g Crème fraîche
1 EL Meerrettich (aus dem Glas)

ca. 3–4 EL Weißweinessig
1 TL Honig
Salz | Pfeffer
1 Zwiebel
2 Stiele Dill
1 säuerlicher Apfel

2 EL Preiselbeerkompott
1 TL Dijonsenf
2 EL Rapsöl
1 Beet Kresse

1 Den Backofen auf 220° vorheizen. Die Kartoffeln mit einer Bürste gründlich waschen, trocken tupfen und mehrfach mit einer Gabel einstechen. Einzeln in Alufolie wickeln und im heißen Backofen auf dem Rost (Mitte; Umluft 200°) ca. 1 1/2 Std. garen.

2 Inzwischen die Rote Bete waschen, in einem Topf mit Wasser bedecken, aufkochen und zugedeckt bei schwacher bis mittlerer Hitze ca. 50 Min. gar kochen.

3 Für den Dip den Quark, die Crème fraîche, den Meerrettich, 1 EL Essig und den Honig verrühren. Mit Salz, Pfeffer und etwas Essig abschmecken.

4 Rote Bete abgießen und kalt abschrecken. Dann schälen (dabei am besten Haushaltshandschuhe tragen), klein schneiden und abkühlen lassen.

5 Zwiebel schälen und fein würfeln. Dill waschen, trocken schütteln, die Spitzen abzupfen und fein hacken. Den Apfel waschen, halbieren, das Kerngehäuse entfernen und die Hälften würfeln.

6 Preiselbeeren, Senf und 2 EL Essig verrühren, das Öl unterrühren. Mit Salz und Pfeffer würzen. Zwiebeln, Dill, Apfel und Rote Beten dazugeben, gut durchmischen und ziehen lassen, bis die Kartoffeln gar sind.

7 Den Salat falls nötig nochmals mit Salz und Pfeffer abschmecken. Die Kartoffeln aus dem Ofen nehmen und die Päckchen öffnen, die Kartoffeln tief einschneiden und aufklappen. Zunächst den Dip einfüllen, dann den Rote-Bete-Salat daraufgeben. Die Kresse vom Beet schneiden und darüberstreuen.

PLUS

Hering

Zusätzlich brauchen Sie:

2 Matjesfilets

Das Rezept wie links beschrieben zubereiten. Matjesfilets klein schneiden und mit dem Rote-Bete-Salat mischen. Das Gericht wie beschrieben servieren.

Langos mit Schnittlauchquark

Festivalbesuchern ist dieser Knuspersnack aus Ungarn schon länger bekannt – mit diesem Rezept schafft er garantiert auch den Sprung in die heimische Küche.

FÜR 4 PERSONEN | ZUBEREITUNG: CA. 1 STD. | GEHEN: CA. 1 STD. | PRO PORTION CA. 785 KCAL

400 g Mehl	Salz	1 Knoblauchzehe
200 ml Milch	2 EL flüssige Butter	Pfeffer
2 TL Zucker	1 Bund Schnittlauch	4 Tomaten
1 Päckchen Trockenhefe	250 g Magerquark	1 l Öl zum Frittieren
300 g festkochende Pellkartoffeln	2 EL Olivenöl	rosenscharfes Paprikapulver
(vom Vortag)	1 EL Rotweinessig	

1 Für den Teig das Mehl abwiegen. Die Milch mit Zucker und 1 EL Mehl erwärmen. Die Hefe unterrühren und die Hefemilch 5 Min. gehen lassen.

2 Inzwischen die Kartoffeln pellen und durch die Kartoffelpresse drücken oder mit dem Kartoffelstampfer fein zerdrücken. Mit Salz würzen und mit der flüssigen Butter mischen. Die Hefemilch dazugeben und alles gut durchrühren. Das restliche Mehl und noch etwas Salz hinzufügen und alles zu einem geschmeidigen, leicht klebrigen Teig verkneten. Zu einer Kugel formen und zugedeckt an einem warmen Ort ca. 1 Std. gehen lassen.

3 Den Schnittlauch waschen, trocken schütteln und in feine Ringe schneiden. Den Quark mit Olivenöl, Essig und 2 EL Wasser glatt rühren. Den Knoblauch schälen und dazupressen, die Hälfte des Schnittlauchs unterrühren. Den Quark salzen und pfeffern. Die Tomaten waschen und ohne Stielansätze in Scheiben schneiden.

4 Das Öl in einem Topf auf 180° C erhitzen. Den Teig in acht Portionen teilen. Daraus mit eingeölten Händen acht dünne Fladen von je ca. 12 cm Durchmesser formen und im heißen Öl nacheinander in je ca. 5 Min. goldbraun ausbacken, dabei gelegentlich wenden.

5 Fertige Langos auf Küchenpapier entfetten, mit Quark bestreichen, mit Tomaten belegen. Mit etwas Salz und Paprika gewürzt und mit Schnittlauch bestreut sofort servieren.

PLUS

Räucherlachs

Dafür Schnittlauchquark und Schnittlauch weglassen und nur 3 Tomaten verwenden. Zusätzlich brauchen Sie:

1 Bio-Limette
200 g Frischkäse | Zucker
2 Knoblauchzehen
100 g Rucola
150 g Räucherlachs

1 Die Langos wie links in den Schritten 1 bis 5 beschrieben vorbereiten, frittieren und entfetten.

2 Für den Limettenfrischkäse die Limette heiß waschen, trocken reiben, die Schale abreiben und den Saft auspressen. Den Frischkäse mit der Limettenschale, 1 EL Saft und 1 Prise Zucker verrühren. Den Knoblauch schälen und dazupressen. Mit Salz, Pfeffer und Limettensaft abschmecken.

3 Rucola waschen, trocken schütteln, grobe Stiele entfernen und die Blätter klein schneiden. Die Tomaten waschen und ohne Stielansätze in Scheiben schneiden.

4 Die fertig gebackenen Langos mit Limettenfrischkäse bestreichen, mit Rucola bestreuen und mit Lachs und Tomaten belegen. Sofort servieren.

Frühlingsgemüse mit Brotkruste

Allerlei zartes Gemüse wartet unter butterfeiner Knusperkruste – da lecken sich nicht nur Vegetarier die Finger!

FÜR 4 PERSONEN | ZUBEREITUNG: CA. 45 MIN. | PRO PORTION CA. 610 KCAL

1 Bund Frühlingszwiebeln
500 g weißer Spargel
400 g Möhren
250 g Mini-Maiskolben
Salz
50 g Pinienkerne

1 altbackenes Brötchen
1 Handvoll Petersilienblätter
120 g weiche Butter
2 TL körniger Senf
abgeriebene Schale von
  1 Bio-Zitrone

Pfeffer
Cayennepfeffer
Außerdem:
Auflaufform (20 × 30 cm)
Fett für die Form

1 Die Frühlingszwiebeln putzen und waschen. Spargelstangen schälen und die holzigen Enden abschneiden. Die Möhren schälen und längs in Scheiben schneiden. Die Maiskolben waschen.

2 In einem Topf reichlich Salzwasser zum Kochen bringen. Getrennt voneinander die Spargelstangen 6 Min. blanchieren, die Möhren und Maiskolben 3 Min. und die Frühlingszwiebeln 1/2 Min. blanchieren. Jeweils abschrecken und abtropfen lassen.

3 Den Ofen auf 220° (Umluft 200°) vorheizen. Für die Brotkruste die Pinienkerne in einer Pfanne ohne Fett hellbraun anrösten und sofort herausnehmen. Das Brötchen auf der Küchenreibe fein reiben. Die Petersilie waschen, trocken tupfen und fein hacken.

4 Pinienkerne, Brötchenbrösel und Petersilie mit Butter, Senf und Zitronenschale in eine Schüssel geben, Mit Salz, Pfeffer und Cayennepfeffer würzen und alles zu einer geschmeidigen Masse vermengen.

5 Die Auflaufform einfetten. Das Gemüse abwechselnd hineinlegen. Die Brot-Butter-Masse darauf verteilen. Im heißen Backofen (Mitte) ca. 15 Min. überbacken, bis die Kruste leicht gebräunt ist.

PLUS

Schinken

Zusätzlich brauchen Sie:

8 Scheiben luftgetrockneten Schinken

1 Gemüse und Brotkruste wie links in den Schritten 1 bis 3 beschrieben vorbereiten.

2 Je 2–3 Gemüsestücke in 1 Scheibe Schinken einrollen und in die Form geben. Das restliche Gemüse darum herum verteilen. Die Brot-Butter-Masse darauf verteilen und das Ganze wie in Schritt 5 beschrieben überbacken.

Gefüllte Auberginen

Auberginen werden hierzulande noch von vielen Essern verschmäht, weil sie meist falsch zubereitet werden. Mit diesem Gericht machen Sie jedoch auch die letzten Skeptiker zu Fans der violetten Eierfrüchte.

FÜR 4 PERSONEN | ZUBEREITUNG: CA. 25 MIN. | BACKEN: CA. 30 MIN. | PRO PORTION CA. 345 KCAL

2 Auberginen (je ca. 300 g)
3 EL Olivenöl
Salz
80 g getrocknete Tomaten (in Öl)
1 Zwiebel
3 Knoblauchzehen
200 g gemischtes Hackfleisch

2 TL getrockneter Thymian
2 TL getrockneter Oregano
1 TL gemahlener Koriander
4 EL Couscous
Pfeffer
Pul biber
   (türkische Paprikaflocken)

1 Tomate
4 eingelegte Peperoni
1–2 EL Aceto balsamico

---

1 Die Auberginen waschen, die Haut der Länge nach im Abstand von 1–2 cm ca. 1 cm breit abschälen, sodass ein Streifenmuster entsteht. Die Auberginen längs halbieren, das Fruchtfleisch mehrfach längs einritzen. Auberginenhälften in dem Öl rundherum ca. 8 Min. anbraten.

2 80 ml Wasser mit etwas Salz verrühren und dazugießen. Zugedeckt alles noch 3–4 Min. köcheln lassen. Vom Herd nehmen und beiseitestellen.

3 Den Backofen auf 200° vorheizen. Für die Füllung die Tomaten abtropfen lassen und fein hacken. Zwiebel und Knoblauch schälen und fein würfeln. Das Hackfleisch mit Tomaten, Zwiebeln, Knoblauch, Kräutern, Koriander und Couscous mischen und gut durchkneten. Mit Salz, Pfeffer und Pul biber kräftig würzen.

4 Die Auberginen mit der Schnittfläche nach oben auf ein mit Backpapier ausgelegtes Blech legen. Das Fruchtfleisch etwas auseinander und flach drücken. Die Hackfleischmasse darauf verteilen und etwas andrücken. Im heißen Backofen (Mitte; Umluft 180°) 20 Min. backen.

5 Inzwischen die Tomate waschen und ohne Stielansatz in dünne Scheiben schneiden. Die Auberginen mit je 1–2 Tomatenscheiben und 1 Peperoni belegen und weitere 10 Min. backen. Die Auberginen auf Teller verteilen und mit etwas Balsamico beträufeln. Dazu passt Zaziki, Tomatensalat und Fladenbrot oder Reis.

Gefüllte Zucchini

Gefüllte Zucchini versprühen meist den Charme der 80er-Jahre. Da wir inzwischen ein paar Jahre weiter sind, hier der Klassiker mit neuem Anstrich: mit Steinpilzpolenta gefüllt!

FÜR 4 PERSONEN | ZUBEREITUNG: CA. 40 MIN. | BACKEN: CA. 30 MIN. | PRO PORTION CA. 365 KCAL

20 g getrocknete Steinpilze
1 Zwiebel
1 Knoblauchzehe
100 g Austernpilze
40 g getrocknete Tomaten (in Öl)
40 g Walnusskerne
1 EL Butter

100 g Polenta
400 ml heiße Gemüsebrühe
100 ml Milch
100 g Emmentaler (am Stück)
Salz
Pfeffer
ca. 1 EL Aceto balsamico

2 große Zucchini (je ca. 350 g)
8 Cocktailtomaten

1 Die Steinpilze mit 200 ml heißem Wasser übergießen und 20 Min. quellen lassen. Inzwischen Zwiebel und den Knoblauch schälen und fein würfeln. Die Austernpilze putzen, trocken abreiben und klein würfeln. Die getrockneten Tomaten abtropfen lassen und würfeln. Die Walnusskerne grob hacken. Die Steinpilze in ein Sieb abgießen, ausdrücken und fein hacken.

2 In einem Topf Zwiebeln, Knoblauch, Steinpilze und Austernpilze in der Butter andünsten. Polenta, Gemüsebrühe und Milch hinzufügen, aufkochen und unter gelegentlichem Rühren ca. 10 Min. köcheln lassen.

3 Den Backofen auf 200° vorheizen. Den Käse reiben. Tomaten, Walnüsse und 2 EL Käse unter die Polentamasse rühren. Die Polenta mit Salz, Pfeffer und Balsamico abschmecken und etwas abkühlen lassen.

4 Die Zucchini waschen, putzen, halbieren und die Kerne herauskratzen oder schneiden. Die Unterseiten etwas glatt schneiden, damit die Schiffchen gerade liegen bleiben.

5 Die Tomaten waschen und in Scheiben schneiden, die Stielansätze dabei entfernen. Die Polenta in die Zucchini füllen. Die Tomaten darauf verteilen und etwas eindrücken. Den restlichen Käse darüberstreuen. Auf ein mit Backpapier ausgelegtes Blech legen und im heißen Backofen (Mitte; Umluft 180°) 30 Min. backen. Dazu passt Feldsalat mit Balsamicodressing.

Ofen-Ratatouille

Der südfranzösische Klassiker – übersetzt »gerührter Fraß« – muss nicht immer im Topf daherkommen:
Im Backofen behalten Paprika, Aubergine & Co. ihre Form und ihr Aroma am allerbesten.

FÜR 4 PERSONEN | ZUBEREITUNG: CA. 1 STD. | PRO PORTION CA. 465 KCAL

1 rote Zwiebel	4 Zweige Thymian	6 EL Olivenöl
400 g Cocktailtomaten	2 Zweige Rosmarin	1 TL gemahlener Koriander
1 rote oder gelbe Paprikaschote	80 g grüne oder schwarze Oliven	4 Knoblauchzehen
3 Stangen Staudensellerie	(ohne Stein)	Salz
1 Fenchelknolle	2 EL Aceto balsamico	Pfeffer
1 Aubergine (ca. 300 g)	1 EL Rotweinessig	1/2 Aufbackbaguette
1 großer Zucchino (ca. 300 g)	2 EL Honig	200 g Ziegenkäserolle

1 Die Zwiebel schälen und in Spalten schneiden. Die Cocktailtomaten waschen und halbieren. Paprika längs halbieren, entkernen, waschen und in mundgerechte Stücke schneiden. Das restliche Gemüse waschen, putzen und ebenfalls in mundgerechte Stücke schneiden. Die Kräuter waschen und trocken schütteln, die Blättchen bzw. Nadeln abzupfen und fein hacken. Alles mit den Oliven in eine Auflaufform geben.

2 Beide Essigsorten mit Honig, Olivenöl und Koriander verrühren. Knoblauch schälen und 3 Zehen dazupressen. Mit Salz und Pfeffer kräftig würzen. Die Marinade mit dem Gemüse mischen und 10 Min. durchziehen lassen. Inzwischen den Backofen auf 200° vorheizen.

3 Das Gemüse aus der Form auf den mit Backpapier ausgelegten Rost geben und im heißen Backofen (Mitte; Umluft 180°) ca. 35 Min. garen.

4 Das Baguette in 8 Scheiben schneiden. Nach 20 Min. Garzeit des Gemüses die Brotscheiben für 5 Min. in den Ofen geben, bis sie leicht knusprig sind. Den restlichen Knoblauch halbieren und die Brotscheiben damit einreiben. Den Ziegenkäse in 8 Scheiben schneiden und diese auf die Brotscheiben legen. Das Brot nochmals für etwa 5 Min. in den Ofen geben.

5 Die Ratatouille mit Salz und Pfeffer abschmecken, auf Teller verteilen und mit den Baguettescheiben servieren.

PLUS

Lammkoteletts

Dafür nach Belieben die Ziegenkäsebaguettes weglassen. Zusätzlich brauchen Sie:

2 Knoblauchzehen
1 Wacholderbeere
4 EL Olivenöl
abgeriebene Schale von 1 Bio-Zitrone
1 EL gehackten Rosmarin
1 TL getrockneten Oregano
12 Lammkoteletts (je 60 g)
Pfeffer aus der Mühle

1 Für die Marinade den Knoblauch schälen und fein würfeln. Die Wacholderbeere fein zermörsern. Beides mit dem Olivenöl, der Zitronenschale und den Kräutern mischen. Die Lammkoteletts damit einpinseln und zugedeckt bei Zimmertemperatur 2 Std. marinieren.

2 Die Ratatouille wie in den Schritten 1 bis 3 beschrieben zubereiten und in den Ofen schieben.

3 Nach 25 Min. Garzeit eine große Pfanne erhitzen. Die Marinade von den Koteletts streifen und die Koteletts von beiden Seiten je ca. 3 Min. braten. Die Ratatouille aus dem Ofen nehmen, abschmecken und auf Teller verteilen. Die Koteletts mit Salz und grob gemahlenem Pfeffer würzen und darauf anrichten.

Ofengemüse mit Apfel-Raïta

Auch ein Klassiker der mediterranen Sommerküche verträgt einmal
neue kulturelle Einflüsse – etwa die von aromatischen »Immigranten« aus der asiatischen Küche.

FÜR 4 PERSONEN | ZUBEREITUNG: CA. 25 MIN. | GAREN: CA. 30 MIN. | PRO PORTION CA. 260 KCAL

1 Zweig Rosmarin	5 EL Öl	1 säuerlicher Apfel
1 rote Chilischote	Salz | Pfeffer	250 g Speisequark (20 % Fett)
2 Knoblauchzehen	je 1 rote und gelbe Paprikaschote	2 EL Weißweinessig
3 TL Zitronengraspaste	3 Zwiebeln	1 TL körniger Senf
(aus dem Asienladen oder	1 Zucchino (ca. 250 g)	6 Minzeblätter
gut sortierten Supermarkt)	200 g Möhren	
3–4 TL Honig	1 kleiner Kohlrabi (ca. 200 g)	

1 Den Backofen auf 200° vorheizen. Für die Marinade den Rosmarin waschen, trocken tupfen, Nadeln abzupfen und fein hacken. Die Chilischote längs halbieren, entkernen, waschen und fein würfeln. Den Knoblauch schälen und durchpressen. Mit 2 TL Zitronengraspaste, Chiliwürfeln, 2 TL Honig, Rosmarin und Öl verrühren. Die Marinade mit Salz und Pfeffer würzen.

2 Paprika längs halbieren, entkernen, waschen und in mundgerechte Stücke schneiden. 2 Zwiebeln schälen und in Spalten schneiden. Zucchino waschen, putzen und in dicke Scheiben schneiden. Möhren und Kohlrabi schälen und in dicke Stücke bzw. Schnitze schneiden. Alles mit der Marinade mischen, auf ein mit Backpapier ausgelegtes Blech legen und im heißen Backofen (Mitte; Umluft 180°) ca. 30 Min. backen.

3 Für die Raïta die übrige Zwiebel schälen. Den Apfel ebenfalls schälen, halbieren und das Kerngehäuse entfernen. Zwiebel und Apfel auf der Gemüsereibe raspeln. Mit Quark, Essig, Senf, 1 TL Honig und der restlichen Zitronengraspaste verrühren. Mit Salz, Pfeffer und Honig abschmecken. Die Minzeblätter waschen, trocken tupfen, in Streifen schneiden, fein hacken und unterrühren.

4 Das Gemüse aus dem Backofen nehmen, mit Salz und Pfeffer abschmecken, auf Tellern anrichten und mit der Raïta sofort servieren. Dazu passt Reis.

PLUS

Hähnchen

Zusätzlich brauchen Sie:

1 weitere Portion Marinade (s. links)
1 EL thailändische Fischsauce
12 Hähnchenflügel

1 Zunächst wie links in Schritt 1 beschrieben die doppelte Menge Marinade zubereiten und die Fischsauce unterrühren. Die Hähnchenflügel waschen, trocken tupfen und mindestens 1 Std. in die Hälfte der Marinade einlegen.

2 Den Backofen samt Blech (ohne Backpapier!) auf 200° vorheizen. Die Flügel aus der Marinade nehmen, salzen, mit der Hautseite nach unten auf das Blech legen und im Ofen (Mitte; Umluft 180°) 20 Min. backen.

3 Das Gemüse vorbereiten und in die restliche Marinade einlegen. Das Blech aus dem Ofen nehmen, die Hähnchenflügel herunternehmen und eventuell etwas Fett abgießen. Das Gemüse auf dem Blech verteilen und die Hähnchenflügel mit der Hautseite nach oben darauflegen. Wieder in den Backofen schieben und in 30 Min. (Umluft 180°) fertig backen, dabei die Hähnchenflügel nach 10 Min. mit etwas Salzwasser bepinseln.

4 Die Raïta wie beschrieben zubereiten. Gemüse, Hähnchenflügel und Raïta gemeinsam servieren.

Grünes Gemüsecurry

Warum ist die Thaiküche so beliebt? Weil sie mit frischen Aromen und Chilischärfe müde Gaumen munter macht!
Und hier außerdem auch noch sehr »schlank« daherkommt.

FÜR 4 PERSONEN | ZUBEREITUNG: CA. 25 MIN. | PRO PORTION CA. 120 KCAL

2 Zwiebeln	1 Zucchino (ca. 250 g)	1/2 Bund Koriandergrün
40 g Ingwer	1 EL Öl	1–2 EL Limettensaft
2 Knoblauchzehen	2 EL grüne Currypaste	2–3 TL brauner Zucker
200 g Möhren	400 ml Kokosmilch	Salz
1 Kohlrabi (ca. 300 g)	3 Kaffir-Limettenblätter	
2 rote Spitzpaprikaschoten	(aus dem Asienladen)	

1 Zwiebeln, Ingwer und Knoblauch schälen. Zwiebeln grob, Ingwer und Knoblauch fein würfeln. Möhren und Kohlrabi schälen, den Kohlrabi in mundgerechte Stücke, die Möhren in Scheiben schneiden. Die Paprika längs halbieren, entkernen, waschen und in mundgerechte Stücke schneiden. Zucchino waschen, längs vierteln und in dicke Scheiben schneiden.

2 Öl in einem Topf erhitzen, die Zwiebeln mit der Currypaste darin anbraten. Ingwer und Knoblauch kurz mitbraten. Kokosmilch und 250 ml Wasser dazugießen, Limettenblätter und Gemüse hinzufügen, alles aufkochen und bei mittlerer Hitze ca. 8 Min. zugedeckt köcheln lassen.

3 Koriander waschen, trocken schütteln, die Blätter abzupfen und grob hacken. 1 EL Limettensaft und 2 TL braunen Zucker unter das Curry rühren. Mit Salz, Zucker und Limettensaft abschmecken. Das Curry mit Basmatireis servieren und mit Koriander bestreuen.

VEGGIE-TIPP

In grüner Currypaste, die häufig für Fischgerichte verwendet wird, ist manchmal Garnelenpaste enthalten. Wichtig ist hier ein genauer Blick auf die Zutatenliste.

PLUS

Garnelen und Fisch

Zusätzlich brauchen Sie:

200 g weißes Fischfilet (z. B. Seelachs oder Kabeljau;
    am besten mit MSC-Siegel)
250 g küchenfertige geschälte Bio-Garnelen
1–2 EL Fischsauce

1 Zwiebeln, Ingwer, Knoblauch und das Gemüse wie links in den Schritten 1 und 2 beschrieben vorbereiten, anbraten und köcheln lassen.

2 Das Fischfilet waschen, trocken tupfen und in mundgerechte Stücke schneiden. Nach ca. 7 Min. Garzeit für das Gemüse Garnelen und Fisch in das Curry geben und bei schwacher Hitze in einigen Minuten gar ziehen lassen.

3 Limettensaft, Zucker und 1 EL Fischsauce zum Curry geben und das Gericht mit Salz, Zucker, Limettensaft und Fischsauce abschmecken.

Kürbisflammkuchen

Wenn die goldenen Herbsttage anbrechen, bricht für viele die schönste Zeit des Jahres an, denn jetzt ist Flammkuchen-Saison. Und dazu gehört – natürlich – der Federweiße!

FÜR 4 PERSONEN | ZUBEREITUNG: CA. 30 MIN. | BACKEN: CA. 25 MIN. | PRO PORTION CA. 690 KCAL

400 g Mehl | Salz
1 EL Öl | 1 Zwiebel
400 g Hokkaidokürbis
160 g Camembert
200 g Crème fraîche

1 EL Aceto balsamico bianco
1/2 TL gemahlener Kümmel
Pfeffer
80 g grüne oder schwarze Oliven
(ohne Stein)

Außerdem:
Mehl für die Arbeitsfläche
Backpapier für das Blech

1 Den Backofen samt Blech auf 250° (Umluft 230°) vorheizen. Das Mehl mit 1/2 TL Salz, Öl und 200 ml Wasser in einer Schüssel mischen und alles zu einem geschmeidigen Teig verkneten.

2 Die Zwiebel schälen und fein würfeln. Den Kürbis putzen, entkernen, waschen und mit dem Gurkenhobel in Streifen hobeln. Den Camembert in Scheiben schneiden. Crème fraîche mit Essig und Kümmel verrühren und mit Salz und Pfeffer würzen.

3 Den Teig in zwei Portionen teilen, auf der bemehlten Arbeitsfläche jeweils auf Blechgröße ausrollen und jeweils auf Backpapier legen.

4 Crème fraîche auf dem Teig verteilen und die Zwiebelwürfel darüberstreuen. Kürbisstreifen, Camembert und Oliven gleichmäßig darauf verteilen.

5 Das Blech aus dem Ofen nehmen und den ersten Flammkuchen vorsichtig daraufheben. Im heißen Backofen (Mitte) ca. 12 Min. backen, bis er leicht gebräunt und knusprig ist. Den Flammkuchen vierteln und sofort servieren. Den zweiten Flammkuchen backen und ebenfalls sofort servieren.

TAUSCHTIPP

Für einen etwas würzigeren Geschmack ersetzen Sie den Camembert durch Ziegenkäserolle.

PLUS

Speck

Dafür Kürbis, Camembert und Oliven weglassen. Zusätzlich brauchen Sie:

150 g Schinkenspeckwürfel

1 Den Teig wie links in Schritt 1 beschrieben vorbereiten. Die Zwiebel würfeln, die Crème fraîche mit Essig und Kümmel wie links in Schritt 2 beschrieben anrühren.

2 Den Teig wie links in Schritt 3 ausrollen und mit der Crème fraîche bestreichen. Die Zwiebel- und Speckwürfel darüberstreuen und mit Salz und Pfeffer würzen. Wie beschrieben backen.

Krautwickel

Zuhause ist es doch am schönsten: Nach den vielen, vielen kulinarischen Ausflügen rund um den Globus dürfen es gern mal wieder heimische Krautwickel sein!

FÜR 4 PERSONEN | ZUBEREITUNG: CA. 40 MIN. | GAREN: CA. 40 MIN. | PRO PORTION CA. 400 KCAL

Salz
1 Weißkohl
1 rote Spitzpaprikaschote
1 Zwiebel
1 El Öl
1 Wacholderbeere
1 EL eingelegte Kapern

1 altbackenes Brötchen
250 g gemischtes Hackfleisch
3 EL gehackte Petersilie
4 TL Dijonsenf
2 TL edelsüßes Paprikapulver
1 Ei | Pfeffer
1–2 EL Butterschmalz

400 ml Fleischbrühe
2 Rosmarinzweige
2 TL Speisestärke
1–2 TL Zucker
ca. 1 EL Aceto balsamico
Außerdem:
Küchengarn (nach Belieben)

1 Reichlich Salzwasser aufkochen. Vom Kohl den Strunk entfernen. Eine Fleischgabel in den Kohlkopf stechen und den Kohl ins kochende Wasser halten. Nach und nach 4 Blätter ablösen und abtropfen lassen. Dicke Blattrippen flach schneiden. (Restlichen Kohl anderweitig verwenden.)

2 Die Paprika halbieren, entkernen, waschen und klein würfeln. Die Zwiebel schälen und würfeln. Beides in dem Öl anbraten. Wacholderbeere zermörsern, kurz mitbraten.

3 Die Kapern fein hacken. Das Brötchen fein reiben. Hackfleisch, Brötchenbrösel, Paprikamischung und Kapern mit Petersilie, 3 TL Senf, Paprikapulver und Ei mischen. Salzen, pfeffern und verkneten.

4 Auf jedes Kohlblatt ein Viertel der Füllung setzen. Die Längsseiten einschlagen, die Blätter vom Stielansatz her einrollen. Die Krautwickel nach Belieben mit Küchengarn verschnüren, im Butterschmalz auf der Nahtseite braun braten. Dann wenden und auf der anderen Seite ebenfalls braun braten. Mit 250 ml Brühe ablöschen und unter gelegentlichem Wenden zugedeckt ca. 40 Min. schmoren. Den Rosmarin waschen und nach 20 Min. Schmorzeit zugeben.

5 Krautwickel herausnehmen, Rosmarin entfernen. Restliche Brühe und Stärke verrühren, in die Pfanne geben. 1 TL Zucker und den restlichen Senf zufügen. Aufkochen und einkochen, bis die Sauce leicht andickt. Mit Salz, Pfeffer, Balsamico und Zucker abschmecken. Krautwickel noch kurz in die Sauce einlegen und servieren.

Kohlrouladen

Herzhaft gefüllte vegetarische Rollen in mediterraner Sauce – ein wahrlich ernst zu nehmender Konkurrent
für die klassischen Krautwickel.

FÜR 4 PERSONEN | ZUBEREITUNG: CA. 60 MIN. | GAREN: CA. 35 MIN. | PRO PORTION CA. 360 KCAL

400 g festkochende Kartoffeln	20 g Butter	400 g Cocktailtomaten
Salz	50 g Bergkäse, frisch gerieben	2 Knoblauchzehen
1 Weißkohl	1 EL Speisestärke	250 ml Gemüsebrühe
1 Zwiebel	2 TL Dijonsenf	ca. 1 1/2 EL Honig
150 g Bio-Räuchertofu (Bioladen)	1 TL getrockneter Majoran	ca. 1 EL Aceto balsamico
1 EL Öl	frisch geriebene Muskatnuss	**Außerdem:**
Pfeffer	1 Ei	1–2 EL Butterschmalz	Küchengarn (nach Belieben)

1 Für die Füllung die Kartoffeln waschen und in wenig
Salzwasser bei mittlerer Hitze in ca. 30 Min. zugedeckt
gar kochen. Inzwischen in einem zweiten Topf reichlich
Salzwasser aufkochen. Vom Kohl den Strunk entfernen.
Eine Fleischgabel in den Kohlkopf stechen und den Kohl ins
kochende Wasser halten. Nach und nach 4 Blätter ablösen
und abtropfen lassen. Dicke Blattrippen flach schneiden.
(Restlichen Kohl anderweitig verwenden.)

2 Zwiebel schälen und würfeln. Tofu würfeln. Beides in
dem Öl leicht braun braten, salzen und pfeffern. Kartoffeln
pellen und mit der Butter fein zerdrücken. Tofu-Zwiebel-
Mischung, Käse, Stärke, Senf und Majoran untermischen.
Mit Salz, Pfeffer und Muskat würzen, das Ei untermischen.
Ist die Füllung zu weich, noch etwas Speisestärke zufügen.

3 Auf jedes Kohlblatt ein Viertel der Füllung setzen. Längsseiten einschlagen, Blätter vom Stielansatz her einrollen.
Die Krautwickel nach Belieben mit Küchengarn verschnüren, im Butterschmalz auf der Nahtseite braun braten.
Dann wenden und auf der anderen Seite braun braten.

4 Tomaten waschen und halbieren. Knoblauch schälen und in Scheiben schneiden. Rouladen mit Brühe
ablöschen, Tomaten zugeben und die Rouladen unter
gelegentlichem Wenden zugedeckt ca. 35 Min. schmoren,
dabei nach 20 Min. Knoblauch und 1 EL Honig dazugeben.
Dann die Rouladen herausheben. Sauce mit Salz, Pfeffer,
Balsamico und Honig würzen. Auf Teller verteilen, die
Rouladen darauf anrichten. Dazu Reis servieren.

Frühlings-Linsengemüse

Kräuterfrisches Gemüse, thymianwürzige Linsen und dazu eine süßlich-scharfe, schaumig aufgeschlagene Sauce: einfach unwiderstehlich, diese Kombination!

FÜR 4 PERSONEN | ZUBEREITUNG: CA. 50 MIN. | PRO PORTION CA. 430 KCAL

250 g grüne Linsen | Salz	1 EL Öl	ca. 3 EL Rotweinessig
500 g Blumenkohl	2 TL getrockneter Thymian	2 Eier
1 kleiner Kohlrabi	120 g flüssige Butter	3 TL Senf
200 g Möhren	2 EL TK-Gartenkräuter-Mischung	1 1/2 EL Honig
1 Zucchino (ca. 200 g)	Pfeffer	**Außerdem:**
1 Zwiebel	Zitronensaft	Topf mit Dämpfeinsatz

1 Die Linsen nach Belieben in ausreichend Wasser 2 Std. einweichen. Das Wasser abgießen. Die Linsen mit 750 ml Wasser in einem Topf erhitzen und nach Packungsanweisung bei schwacher bis mittlerer Hitze bissfest garen, dabei 10 Min. vor Ende der Garzeit salzen. Linsen in ein Sieb abgießen und gut abtropfen lassen.

2 Den Blumenkohl waschen und in Röschen teilen (den Strunk wegwerfen). Kohlrabi und Möhren schälen, Kohlrabi in mundgerechte Stücke, Möhren in Scheiben schneiden. Zucchino waschen, längs vierteln und in dicke Scheiben schneiden. Das Gemüse in einem Topf mit Dämpfeinsatz über kochendem Wasser zugedeckt ca. 5 Min. dämpfen.

3 Inzwischen eine Pfanne erhitzen. Die Zwiebel schälen und fein würfeln. Mit dem Öl in der Pfanne andünsten. Linsen und Thymian dazugeben und ca. 5 Min. braten.

4 Das Gemüse aus dem Topf nehmen, Wasser abgießen. Gemüse im Topf mit 2 EL Butter und den TK-Kräutern mischen. Mit Salz, Pfeffer und etwas Zitronensaft würzen und zugedeckt warm halten. Linsen mit Salz, Pfeffer und ca. 1 EL Essig abschmecken und ebenfalls warm halten.

5 Eier mit Senf, Honig und dem übrigen Essig verrühren. Die restliche Butter unter Rühren dazulaufen lassen. Mit Salz würzen und mit dem Pürierstab schaumig aufmixen.

6 Die Linsen und das Gemüse auf Tellern anrichten. Den Honig-Senf-Schaum über Linsen und das Gemüse träufeln.

PLUS

Mettwürstchen

Zusätzlich brauchen Sie:

2 geräucherte Mettwürstchen
1 EL Öl

1 Das Frühlings-Linsengemüse wie links beschrieben zubereiten.

2 Die Würstchen in Scheiben schneiden und in etwas Öl in einer Pfanne rundherum braten. Die Würstchenscheiben auf den Linsen anrichten.

Bohnen mit Kichererbsenpüree

Kulinarische Liebschaften: Während Kartoffelpüree hier eine vielversprechende Liaison mit Kichererbsen eingeht, lässt sich Halloumi gerne vom Schalotten-Birnen-Confit umschmeicheln.

FÜR 4 PERSONEN | ZUBEREITUNG: CA. 55 MIN. | PRO PORTION CA. 600 KCAL

200 g Schalotten	150 ml Rotwein	Salz | Pfeffer
2 kleine Birnen	500 g grüne Bohnen	2 Knoblauchzehen
1 Wacholderbeere	700 g vorwiegend festkochende	150 g Sahne
3 EL Butter	Kartoffeln	1 EL Mandelblättchen
2 EL Zucker	1 Dose Kichererbsen	200 g Halloumi
100 ml Aceto balsamico	(265 g Abtropfgewicht)	1–2 TL Öl

1 Für das Schalotten-Birnen-Confit die Schalotten schälen und fein würfeln. Die Birnen halbieren, die Kerngehäuse entfernen, die Hälften schälen und fein würfeln. Die Wacholderbeere zerstoßen. 1 EL Butter und den Zucker in einem Topf erhitzen und die Schalotten darin anschwitzen. Birnenwürfel und Wacholderbeere dazugeben und kurz mitdünsten. Mit Essig und Wein ablöschen und bei mittlerer Hitze ca. 8 Min. köcheln lassen, bis die Flüssigkeit fast verkocht ist.

2 Inzwischen die Bohnen putzen und waschen. Kartoffeln schälen und vierteln. Kichererbsen in ein Sieb geben, abspülen und abtropfen lassen. Das Confit mit Salz und Pfeffer abschmecken und beiseitestellen.

3 Kartoffeln und Kichererbsen in einem Topf mit Salzwasser bei schwacher bis mittlerer Hitze ca. 15 Min gar köcheln lassen. Bohnen in einem zweiten Topf mit Salzwasser bei mittlerer Hitze in ca. 10–12 Min. gar köcheln lassen.

4 Kartoffeln und Kichererbsen in ein Sieb abgießen und zurück in einen Topf geben. Knoblauch schälen und 1 Zehe dazupressen. Die Sahne dazugeben, die Mischung zerstampfen und mit Salz abschmecken. Die Bohnen in ein Sieb abgießen und abtropfen lassen.

5 Mandelblättchen in einem Topf ohne Fett hellbraun anrösten. Restliche Butter hinzufügen, übrigen Knoblauch dazupressen und die Bohnen darin schwenken. Mit Salz abschmecken und zugedeckt warm halten.

6 Den Halloumi grob würfeln und in einer Pfanne im Öl rundherum braun braten. Püree, Bohnen, Confit und gebratenen Käse auf Tellern anrichten und servieren.

PLUS

Kalbsmedaillons

Dafür den Halloumi weglassen. Zusätzlich brauchen Sie:

600 g Kalbsfilet (ersatzweise Lende)
120 g Taleggio (italienischer Weichkäse; ersatzweise Brie)

1 Confit, Bohnen, Kartoffeln und Kichererbsen wie links in den Schritten 1 bis 3 beschrieben vor- und zubereiten.

2 Den Backofen auf 120° vorheizen und eine Auflaufform hineinstellen. Das Filet in 12 Medaillons schneiden. Den Taleggio in 12 Stücke teilen. Öl in der Pfanne erhitzen und die Medaillons darin von beiden Seiten anbraten. Mit Salz und Pfeffer würzen. Das Fleisch in die Auflaufform legen und 12–15 Min. garen, dabei nach 7 Min. mit dem Taleggio belegen.

3 Inzwischen das Kichererbsenpüree und die Bohnen wie links in den Schritten 4 bis 6 beschrieben fertigstellen und gegebenenfalls zugedeckt warm halten. Alles auf Tellern anrichten und servieren.

»Pasta e basta« – nicht wenige genießen
Spaghetti, Tortellini & Co. gleich mehrmals in der Woche,
manche gar am liebsten jeden Tag.
Das ist allzu verständlich bei all den verführerischen
Klassikern aus Italien – etwa Bandnudeln
mit Pesto oder Spaghetti Bolognese – und der täglich
wachsenden Zahl an kreativen Nudel-Neuschöpfungen.
Für alle Pastafans gilt also:
Aufgabeln und genießen – ganz nach Lust und Laune
mal vegetarisch, mal mit kleinen Extras.

Pasta in cartoccio

Nudeln in der Tüte oder: Wer packt nicht gerne Geschenke aus? Diese hier darf man vor allem gleich aufessen!

**FÜR 4 PERSONEN | ZUBEREITUNG: CA. 45 MIN. | GAREN IM BACKOFEN: CA. 10 MIN.
PRO PORTION CA. 620 KCAL**

500 g Spaghetti
Salz
2 Fenchelknollen (je ca. 200 g)
6 Tomaten
2 Bio-Zitronen
2 Knoblauchzehen

4 Zweige Rosmarin
4 EL Olivenöl
1 EL Zucker
2 EL eingelegte Kapern
50 g grüne oder schwarze Oliven
  (ohne Stein)

Pfeffer
2 EL Butter
Außerdem:
Backpapier

---

1 Die Spaghetti in reichlich kochendem Salzwasser 5–6 Min garen, in ein Sieb abgießen und abtropfen lassen.

2 Den Fenchel waschen und putzen, dabei das Grün beiseitelegen. Den Fenchel halbieren und klein schneiden. Tomaten waschen, halbieren, entkernen, die Stielansätze entfernen und die Hälften in Spalten schneiden. Zitronen heiß waschen und in Scheiben schneiden, die Endstücke wegwerfen. Knoblauch schälen und in Scheiben schneiden. Rosmarin waschen und trocken schütteln.

3 In einer Pfanne 1 EL Öl erhitzen und die Zitronenscheiben darin anbraten, bis sie von beiden Seiten leicht gebräunt sind. Herausnehmen und beiseitestellen. Das restliche Öl in die Pfanne geben und den Fenchel darin ca. 5 Min. anbraten.

4 Den Backofen auf 200° (Umluft 180°) vorheizen. Den Zucker zum Fenchel in die Pfanne geben und etwas karamellisieren. Tomaten, Knoblauch und Rosmarin hinzufügen und 5 Min. mitbraten. Kapern und Oliven untermischen und mit Salz und Pfeffer würzen.

5 Vier Streifen Backpapier jeweils in Blechgröße bereitlegen und die Spaghetti jeweils mittig darauf verteilen. Das Gemüse und die Zitronen daraufgeben, dabei den Rosmarin auf die Portionen verteilen. Je 1 Klecks Butter und das Fenchelgrün daraufgeben. Das Backpapier über den Nudeln zusammenklappen, einrollen und die Seiten fest zusammendrehen. Auf dem Rost im Backofen (Mitte) ca. 10 Min. garen. Die Päckchen erst bei Tisch öffnen.

TAUSCHTIPP

Zucchini können den Fenchel in diesem Gericht ersetzen. Dafür 400 g Zucchini waschen, längs vierteln und in dicke Scheiben schneiden. Zusammen mit Tomaten, Zucker, Knoblauch und Rosmarin in die Pfanne geben, 5 Min. anbraten und wie beschrieben fortfahren.

PLUS

Fisch

Zusätzlich brauchen Sie:

4 dünne Kabeljaufilets
  (je ca. 100 g; am besten mit MSC-Siegel)
1–2 EL Zitronensaft

1 Alle Zutaten wie links in den Schritten 1 bis 4 beschrieben vorbereiten. Die Fischfilets waschen, trocken tupfen, mit Zitronensaft beträufeln und mit Salz und Pfeffer würzen.

2 Spaghetti und Gemüse wie links in Schritt 5 beschrieben auf dem Backpapier verteilen, Fischfilets darauflegen. Zitronenscheiben und Butter darauf verteilen. Wie beschrieben verschließen und die Päckchen ca. 10 Min. im heißen Backofen garen, bis die Spaghetti bissfest sind und der Fisch gar, aber noch leicht glasig ist.

Sauce Bolognese

Vergessen Sie faden Kantinen- oder Mensa-Sugo! Würzige Zutaten und langes Schmoren machen die Königin aller Pastasaucen immer wieder unwiderstehlich.

FÜR 4 PERSONEN | ZUBEREITUNG: CA. 40 MIN. | GAREN: CA. 1 STD.
PRO PORTION (OHNE NUDELN) CA. 380 KCAL

1 Zwiebel	2 EL Butterschmalz	400 ml Gemüsebrühe
5 Knoblauchzehen	400 g gemischtes Hackfleisch	2 Wacholderbeeren
2 Möhren	1 geh. EL Tomatenmark	3 EL geriebener Parmesan
200 g Knollensellerie	1 EL Zucker	50 ml Milch (oder 50 g Sahne)
1/2 Stange Lauch	2 Lorbeerblätter	1–2 EL Aceto balsamico
2 Stiele Petersilie	2 Dosen stückige Tomaten (je 400 g)	Salz	Pfeffer

---

1 Zwiebel und 4 Knoblauchzehen schälen und fein würfeln. Möhren, Sellerie und Lauch putzen und waschen. Das Gemüse sehr fein würfeln. Petersilie waschen und trocken schütteln.

2 1 EL Butterschmalz in einer Pfanne erhitzen und das Gemüse darin bei schwacher bis mittlerer Hitze in 8 Min. glasig dünsten. Herausnehmen, die Temperatur erhöhen und das restliche Butterschmalz in der Pfanne erhitzen. Das Hackfleisch darin in ca. 10 Min. bröselig braten.

3 Das Tomatenmark und den Zucker dazugeben und den Zucker leicht karamellisieren. Gemüse, Lorbeerblätter und Petersilie hinzufügen. Tomaten und Gemüsebrühe dazugeben, alles einmal aufkochen und bei schwacher bis mittlerer Hitze mit halb geschlossenem Deckel ca. 1 Std. köcheln lassen.

4 Die Wacholderbeeren zerdrücken. Nach 30 Min. die Lorbeerblätter und Petersilie entfernen, dafür die Wacholderbeeren dazugeben.

5 Gegen Ende der Garzeit Parmesan und Milch unterrühren und die Sauce kurz ziehen lassen. Die übrige Knoblauchzehe schälen und dazupressen. 1 EL Essig unterrühren. Mit Salz, Pfeffer und Essig abschmecken.

6 Die Sauce Bolognese mit 400–500 g Spaghetti, Linguine oder Tagliatelle und nach Belieben mit frisch geriebenem Parmesan bestreut servieren.

Seitan-Gemüse-Bolognese

Seitan, gewürztes gegartes Weizeneiweiß und für Vegetarier »der« Fleischersatz schlechthin, hat eine angenehm feste Konsistenz und macht sich damit hervorragend in der vegetarischen Bolognese-Version.

**FÜR 4 PERSONEN | ZUBEREITUNG: CA. 35 MIN. | GAREN: CA. 30 MIN.
PRO PORTION (OHNE NUDELN) CA. 285 KCAL**

1 Zwiebel	3 EL Öl	1–1 1/2 EL Zucker
4 Knoblauchzehen	2 Wacholderbeeren	1–2 EL Aceto balsamico
1 Möhre	2 Zweige Rosmarin	400 ml Gemüsebrühe
100 g Knollensellerie	4 Zweige Thymian	2 Dosen stückige Tomaten (je 400 g)
1 kleine Fenchelknolle	1 Lorbeerblatt	50 g Sahne
300 g Seitan (aus dem Bioladen)	2 EL Tomatenmark	Salz	Pfeffer

1 Zwiebel und Knoblauch schälen und getrennt fein würfeln. Möhre und Sellerie schälen, Fenchel waschen und putzen. Das Gemüse sehr fein würfeln. Seitan klein würfeln oder mit der Küchenreibe grob raspeln.

2 In einer Pfanne in 1 EL Öl den Seitan rundum knusprig braten. Herausnehmen und die Pfanne säubern. 2 EL Öl darin erhitzen und das Gemüse ohne den Knoblauch darin bei schwacher bis mittlerer Hitze in ca. 10 Min. glasig dünsten.

3 Die Wacholderbeeren zerdrücken. Kräuter waschen und trocken schütteln. Beides mit dem Knoblauch und dem Lorbeerblatt nach 5 Min. zum Gemüse geben und mitdünsten.

4 Dann die Temperatur erhöhen. Tomatenmark und 1 EL Zucker in die Mitte der Pfanne geben und etwas karamellisieren. Mit 1 EL Essig ablöschen. Gemüsebrühe und Tomaten dazugeben, aufkochen und bei schwacher bis mittlerer Hitze ca. 30 Min. mit halb geschlossenem Deckel köcheln lassen, dabei nach 20 Min. den Seitan dazugeben.

5 Kräuter und Lorbeerblatt entfernen, die Sahne unterrühren und das Ganze 1–2 Min. ziehen lassen. Die Sauce mit Salz, Pfeffer, Zucker und Essig abschmecken und mit 400–500 g Spaghetti, Linguine oder Tagliatelle servieren.

TAUSCHTIPP

Statt Seitan können Sie 120 g Sojaschnetzel nehmen. Diese 30 Min. in 250 ml heißer Brühe einweichen, in einem Sieb kräftig ausdrücken und wie den Seitan weiterverwenden.

Gemüse-Linguine

Nur für Erwachsene: Neben mediterranen Kräutern und Knoblauch ist reichlich Wein der Aromaspender, der diese Gemüse-Pasta zu einem besonderen Genuss macht.

FÜR 4 PERSONEN | ZUBEREITUNG: CA. 35 MIN. | PRO PORTION CA. 695 KCAL

200 g Möhren	400–500 g Linguine	60 g Butter
200 g kleine Zucchini	Salz	2 EL eingelegte Kapern
150 g Zuckerschoten	1–2 EL Öl	1 EL Crème fraîche
250 g Austernpilze	250 ml trockener Weißwein	Pfeffer aus der Mühle
3 Knoblauchzehen	(oder Sekt)	**Außerdem:**
3 Zweige Rosmarin	2 TL gekörnte Brühe	Topf mit Dämpfeinsatz
2 Stiele Petersilie	1 TL Zucker	

---

1 Möhren schälen, Zucchini waschen. Beides mit dem Sparschäler der Länge nach in dünne Streifen schneiden. Diese in einem Topf mit Dämpfeinsatz über kochendem Wasser zugedeckt ca. 6 Min. dämpfen.

2 Zuckerschoten waschen und längs halbieren. Austernpilze putzen und in Streifen schneiden. Knoblauch schälen und in Scheiben schneiden. Kräuter waschen, trocken tupfen und von der Petersilie die Blätter abzupfen.

3 Die Linguine nach Packungsanweisung in reichlich kochendem Salzwasser bissfest garen. Inzwischen das Öl in einer großen Pfanne erhitzen und die Pilze darin anbraten. Herausnehmen und beiseitestellen. Die Nudeln in ein Sieb abgießen und abtropfen lassen.

4 Knoblauch und Rosmarin in die Pfanne geben, nach und nach den Wein dazugießen und stark einkochen. Gekörnte Brühe, Zucker und Zuckerschoten dazugeben und noch 2 Min. köcheln lassen, dann die Butter darin schmelzen und die Kapern hinzufügen.

5 Rosmarin entfernen, Crème fraîche einrühren. Gemüsestreifen, Petersilie und Pilze darin schwenken und mit Salz und Pfeffer kräftig würzen. Die Nudeln dazugeben und alles gut mischen. Auf Tellern anrichten und mit grob gemahlenem Pfeffer bestreuen.

PLUS

Schweinemedaillons

Dafür die Austernpilze weglassen. Zusätzlich brauchen Sie:

300 g Schweinefilet
edelsüßes Paprikapulver

1 Zunächst den Backofen auf 120° vorheizen. Die Schritte 1 und 2 (mit Ausnahme der Pilze) wie beschrieben ausführen.

2 Das Schweinefilet in Medaillons schneiden. Öl in der Pfanne erhitzen und darin die Medaillons von beiden Seiten anbraten. Mit Salz, Pfeffer und Paprikapulver würzen und auf einem ofenfesten Teller im Backofen (Mitte) 12–15 Min. garen.

3 Dann die Nudeln kochen und währenddessen mit den Schritten 4 und 5 fortfahren. Die Schweinemedaillons auf den Nudeln anrichten.

Pasta mit Grapefruitschaum

Luftig-leicht und herb-fruchtig, dazu ein Hauch Schärfe, so lässt sich dieses Gericht am besten charakterisieren. Und das passende Getränk dazu – ein Gläschen Sekt – steckt auch schon drin.

FÜR 4 PERSONEN | ZUBEREITUNG: CA. 50 MIN. | PRO PORTION CA. 725 KCAL

3 rosa Grapefruits	1 TL schwarze Pfefferkörner	150 g Crème fraîche
1 Zwiebel	500 g Tagliatelle	abgeriebene Schale von 1 Bio-Zitrone
4 Knoblauchzehen	Salz	1 EL Olivenöl
1 frische rote Chilischote	250 g Cocktailtomaten	Pfeffer
3 Zweige Rosmarin	2 Stauden Chicorée	Zucker
200 ml Sekt	1 Bund Frühlingszwiebeln	Cayennepfeffer

1 Die Grapefruits halbieren. Aus 3 Grapefruithälften mit einem spitzen Messer die Filets zwischen den Trennhäutchen herausschneiden. Alle Grapefruithälften anschließend gründlich auspressen – Sie brauchen ca. 350 ml Saft.

2 Zwiebel und Knoblauch schälen und getrennt fein würfeln. Die Chilischote längs halbieren, entkernen, waschen und in Streifen schneiden. Den Rosmarin waschen und trocken schütteln.

3 Von dem Grapefruitsaft 200 ml abmessen und mit dem Sekt in einem Topf erhitzen. Zwiebeln, die Hälfte des Knoblauchs, Chilistreifen, Rosmarin und Pfefferkörner dazugeben. Alles aufkochen und bei mittlerer Hitze auf 100–150 ml einkochen. Durch ein Sieb gießen. Mit dem übrigen Grapefruitsaft wieder auf 250 ml auffüllen.

4 Die Tagliatelle nach Packungsanweisung in reichlich kochendem Salzwasser bissfest garen. Inzwischen die Tomaten waschen und halbieren. Den Chicorée zerpflücken, waschen, trocken schleudern und in breite Abschnitte teilen. Die Frühlingszwiebeln putzen, waschen und in 3–4 cm lange Stücke schneiden. Die Tagliatelle in ein Sieb abgießen, kurz abschrecken und abtropfen lassen.

5 In einem Topf Grapefruitsaft, Crème fraîche, restlichen Knoblauch und Zitronenschale langsam erhitzen.

6 Inzwischen das Öl in einer großen Pfanne erhitzen und die Tomaten darin anbraten. Chicorée und Frühlingszwiebeln hinzufügen und kurz mitbraten.

7 Das Gemüse mit Salz und Pfeffer würzen. Die Grapefruitfilets kurz in der Pfanne schwenken, dann die Tagliatelle dazugeben und unter gelegentlichem Rühren erhitzen.

8 Die Grapefruitsahne mit Salz, Pfeffer, etwas Zucker und Cayennepfeffer abschmecken. Die Nudeln auf Teller verteilen. Die Grapefruitsahne mit dem Pürierstab mehrfach schaumig aufmixen. Jeweils den Schaum über die Nudeln schöpfen. Die restliche Sahne seitlich dazugießen und die Nudeln sofort servieren.

PLUS

Kaviar

Zusätzlich brauchen Sie:

100 g Lachs- oder Forellenkaviar

Das Gericht wie links beschrieben zubereiten und zuletzt den Kaviar darauf anrichten.

Basilikum-Speck-Pesto

Statt nur Parmesan: Gebratener Speck und Kapern verleihen dem guten alten Pesto hier eine neue, deftig-würzige Note. Unbedingt gleich ausprobieren!

FÜR 4 PERSONEN | ZUBEREITUNG: CA. 15 MIN. | PRO PORTION CA. 430 KCAL

2 Bund Basilikum
40 g Parmesan (am Stück)
1 Knoblauchzehe
40 g Räucherspeck (in dünnen Scheiben)
30 g Pinienkerne
120 ml Rapsöl (oder zur Hälfte
   Olivenöl und Sonnenblumenöl)

1 EL eingelegte Kapern
1 Msp. Zucker
1/2–1 EL Zitronensaft
Salz
Pfeffer

---

1 Basilikum waschen, trocken schütteln und die Blätter abzupfen. Den Parmesan reiben. Knoblauch schälen und grob würfeln. Den Speck ohne Schwarte in Streifen schneiden und mit den Pinienkernen in einer Pfanne auslassen.

2 Basilikum, die Speck-Pinienkern-Mischung, Knoblauch und Parmesan in einen Mixbecher geben. Öl, Kapern, Zucker und 1/2 EL Zitronensaft dazugeben und mit Salz und Pfeffer würzen. Mit dem Pürierstab kräftig durchmixen und das Pesto mit Salz, Pfeffer und Zitronensaft abschmecken. Schmeckt zu langen Nudeln und Penne.

AUFBEWAHRUNGSTIPP

In einem verschlossenen Glas im Kühlschrank hält sich das Pesto mindestens 1 Woche.

VEGGIE-TIPP

Sie mögen es lieber vegetarisch und wollen trotzdem nicht auf deftigen Räuchergeschmack verzichten? Dann lassen Sie den Speck einfach weg und würzen das Pesto mit dänischem Rauchsalz, das bei gut sortierten Gewürzhändlern erhältlich ist.

Macadamia-Minz-Pesto

Wenn Sie sich einmal aromatische Abwechslung vom Alla-genovese-Einerlei wünschen, dürfen Sie sich hier auf einen vielversprechenden neuen Stern am Pesto-Himmel freuen.

FÜR 4 PERSONEN | ZUBEREITUNG: CA. 15 MIN. | PRO PORTION CA. 480 KCAL

1 Bund Petersilie	1 Msp. Zucker
1 Bund Minze	1/2–1 EL Zitronensaft
2 Knoblauchzehen	Salz
60 g italienischer Hartkäse	Pfeffer
(am Stück; z. B. Montello)	
80 g Macadamianusskerne	
120 ml Rapsöl	

1 Petersilie und Minze waschen, trocken schütteln, die Blätter abzupfen und grob hacken. Den Knoblauch schälen und ebenfalls grob hacken. Den Käse reiben. Die Macadamianüsse grob hacken und in einer Pfanne ohne Fett hellbraun anrösten.

2 Kräuter, Knoblauch, Käse und Nüsse in einen Mixbecher geben. Öl, Zucker und 1/2 EL Zitronensaft dazugeben und mit Salz und Pfeffer würzen. Alles mit dem Pürierstab kräftig durchmixen und das Pesto mit Salz, Pfeffer und Zitronensaft abschmecken. Schmeckt zu langen Nudeln und Penne.

AUFBEWAHRUNGSTIPP

In einem verschlossenen Glas im Kühlschrank hält sich das Pesto mindestens 1 Woche.

TAUSCHTIPP

Auch ein Pecannuss-Melissen-Pesto schmeckt hervorragend. Dafür einfach Macadamianüsse und Minze durch Pecannüsse und Zitronenmelisse ersetzen.

Lauwarmer Nudelsalat

Total mediterran: Dieser Salat italienischen Ursprungs sammelt auf einer Reise rund ums Mittelmeer aromatische Zutaten ein und vereint sie zu einem würzigen Potpourri.

FÜR 4 PERSONEN | ZUBEREITUNG: CA. 20 MIN. | PRO PORTION CA. 765 KCAL

400 g Fusilli oder Casarecce (Spiralnudeln oder längs eingerollte Nudeln)
1 TL gemahlene Kurkuma
Salz
1 kleines Glas Kichererbsen (215 g Abtropfgewicht)

3 EL Sesamsamen
200 g eingelegte Artischocken-herzen
250 g Cocktailtomaten
4 eingelegte Peperoni
1 Bund Frühlingszwiebeln
1 Kugel Mozzarella (125 g)

80 g getrocknete schwarze Oliven
3 EL Aceto balsamico bianco
4 EL Olivenöl
1 Msp. Ras el-Hanout (marokkanische Gewürzmischung)
Pfeffer
ca. 1 EL Limettensaft

1 Die Nudeln mit Kurkuma nach Packungsanweisung in reichlich kochendem Salzwasser bissfest garen.

2 Inzwischen die Kichererbsen in ein Sieb abgießen, heiß abspülen und abtropfen lassen. Den Sesam in einer Pfanne ohne Fett hellbraun anrösten.

3 Die Artischocken in einem Sieb abtropfen lassen und in Scheiben schneiden. Tomaten waschen und halbieren. Peperoni in Ringe schneiden. Frühlingszwiebeln putzen, waschen und in Ringe schneiden. Mozzarella abtropfen lassen und würfeln.

4 Die Nudeln in ein Sieb abgießen, kurz abschrecken und abtropfen lassen. Mit den vorbereiteten Zutaten und den Oliven mischen. Essig, Öl und Ras el-Hanout dazugeben und alles gut mischen.

5 Den Nudelsalat mit Salz, Pfeffer und Limettensaft abschmecken und noch lauwarm servieren.

PLUS

Hähnchen

Zusätzlich brauchen Sie:

4 Hähnchenbrustfilets (je 200 g)
Cayennepfeffer
2 TL getrocknete italienische Kräuter
8 TL Pesto alla genovese (Fertigprodukt)
2 EL Öl

1 Zunächst die Hähnchenbrüste vorbereiten. Dafür den Backofen auf 180° (Umluft 160°) vorheizen. Die Hähnchenbrüste waschen, trocken tupfen und jeweils eine Tasche hineinschneiden. Innen und außen mit Salz, Pfeffer, Cayennepfeffer und Kräutern würzen. Je 2 TL Pesto in die Taschen geben und gleichmäßig darin verteilen.

2 Das Nudelwasser aufsetzen. Inzwischen die Hähnchenbrustfilets im Öl von beiden Seiten braun braten. Auf einen ofenfesten Teller setzen und im Backofen (Mitte) ca. 12 Min. garen. Inzwischen die Nudeln kochen und die restlichen Salatzutaten vorbereiten.

3 Das Hähnchen aus dem Ofen nehmen. Den Salat fertigstellen und auf Teller verteilen. Hähnchenbrüste in Scheiben schneiden und darauf anrichten.

Rote-Bete-Pasta mit Nüssen

Ungewöhnlich lecker: Rote Beten werden selten mit Pasta serviert. Mit diesem Rezept wird sich das garantiert ändern …

FÜR 4 PERSONEN | ZUBEREITUNG: CA. 25 MIN. | GAREN: CA. 45 MIN. | PRO PORTION CA. 780 KCAL

600 g kleine Rote Beten
4 Zweige Rosmarin
60 g Macadamianusskerne
2 Zwiebeln

400–500 g Orecchiette
  (ersatzweise Casarecce oder Penne)
Salz
2 EL Olivenöl

4 EL Aceto balsamico
Pfeffer aus der Mühle
200 g Ziegenkäserolle
  (oder Ziegenfrischkäserolle)

1 Die Roten Beten waschen, in einem Topf mit Wasser bedecken und zugedeckt bei schwacher bis mittlerer Hitze ca. 45 Min. garen. Dann in ein Sieb abgießen, abtropfen und etwas abkühlen lassen.

2 Rosmarin waschen, trocken schütteln und die Nadeln abzupfen. Die Nüsse in der Küchenmaschine oder mit einem großen Messer grob hacken. Die Zwiebeln schälen und in Spalten schneiden. Rote Beten schälen (dabei am besten Haushaltshandschuhe tragen) und in schmale Spalten schneiden.

3 Die Orecchiette nach Packungsanweisung in reichlich kochendem Salzwasser bissfest garen.

4 Inzwischen Öl in einer großen Pfanne erhitzen und die Zwiebeln darin anbraten. Rote Beten dazugeben und 2–3 Min. mitbraten. Nüsse und Rosmarin ebenfalls 2 Minuten mitbraten. Die Nudeln in ein Sieb abgießen und abtropfen lassen.

5 Die Roten Beten mit Balsamico ablöschen, kurz verkochen lassen und mit Salz und Pfeffer abschmecken. Die Nudeln auf Teller verteilen. Die Roten Beten darauf anrichten. Den Ziegenkäse in Scheiben schneiden und darauf verteilen. Das Gericht mit grob gemahlenem Pfeffer bestreut servieren.

PLUS

Salsicce

Dafür den Ziegenkäse weglassen. Zusätzlich brauchen Sie:

2 Salsicce (italienische Würste mit gewürztem rohem, grobem Brät; ersatzweise deutsche grobe Bratwürste)
1 EL eingelegte Kapern

1 Rote Beten, Rosmarin, Nüsse und Zwiebeln wie links in den Schritten 1 und 2 beschrieben vorbereiten und die Nudeln wie in Schritt 3 beschrieben bissfest garen.

2 Die Würstchen in Scheiben schneiden. Zusammen mit den Zwiebeln anbraten und wie in den Schritten 4 und 5 beschrieben fortfahren. Vor dem Ablöschen mit dem Essig die Kapern dazugeben.

TUNINGTIPP

Sie haben morgen nichts vor? Dann geben Sie, sofern Sie Knoblauch mögen, noch 1 gewürfelte Knoblauchzehe beim Braten dazu.

Pasta mit Balsamicolinsen

Hülsenfrüchte werden in Italien häufig mit Pasta serviert – weil sie zusammen hochwertige Eiweißspender sind, aber vor allem, weil diese Kombination einfach genial schmeckt.

FÜR 4 PERSONEN | ZUBEREITUNG: CA. 1 STD. | PRO PORTION CA. 720 KCAL

100 g grüne Linsen oder Puy-Linsen
Salz
1 rote Zwiebel
2 Knoblauchzehen
1 Bund Basilikum

100 g halb getrocknete Tomaten
(vom Antipastistand; ersatzweise
80 g getrocknete Tomaten in Öl)
400–500 g Spaghetti
ca. 5 EL Olivenöl

3–4 EL Aceto balsamico
Pfeffer aus der Mühle
Cayennepfeffer

1 Die Linsen nach Belieben in ausreichend Wasser 2 Std. einweichen. Das Wasser abgießen. Linsen mit 400 ml Wasser in einem Topf erhitzen und nach Packungsanweisung bissfest garen, dabei 10 Min. vor Ende der Garzeit salzen. Linsen in ein Sieb abgießen und gut abtropfen lassen.

2 Die Zwiebel und die Knoblauchzehen schälen und in feine Würfel schneiden. Das Basilikum waschen, trocken schütteln und die Blätter abzupfen. Die Tomaten nach Belieben klein schneiden.

3 Die Spaghetti nach Packungsanweisung in reichlich Salzwasser bissfest garen. Inzwischen in einer Pfanne 3 EL Öl erhitzen und die Zwiebelwürfel darin andünsten. Die Linsen und Knoblauchwürfelchen hinzufügen und 3–4 Min. mitdünsten.

4 Die Tomaten zu den Linsen geben, mit 3 EL Balsamico ablöschen und noch 1–2 Min. garen. Die Linsen mit Salz, Pfeffer, Cayennepfeffer und Balsamico abschmecken. Das Basilikum untermischen.

5 Die Nudeln in ein Sieb abgießen, abtropfen lassen und auf vier Teller verteilen. Die Linsen daraufgeben. Mit etwas Öl beträufeln und mit grob gemahlenem Pfeffer bestreut servieren.

PLUS

Kabeljau

Zusätzlich brauchen Sie:

2 Scheiben Toastbrot | 1 Bio-Zitrone
1 altbackenes Brötchen
3 EL Rosmarinnadeln
1 geschälte Knoblauchzehe
100 g weiche Butter
2 TL mittelscharfen Senf
4 Kabeljaufilets (je 100 g; am besten mit MSC-Siegel)
4 EL Olivenöl

1 Zunächst die Linsen evtl. einweichen und garen. Den Backofen auf 180° (Umluft 160°) vorheizen. Toastbrot toasten und fein würfeln. Zitrone heiß waschen, trocken reiben, Schale abreiben und die Zitrone in dünne Scheiben schneiden, Endstücke wegwerfen.

2 Brötchen klein schneiden und mit Zitronenschale, 1 EL Rosmarinnadeln und Knoblauch im Blitzhacker fein zermahlen. Mit Toastbrotwürfeln, Butter und Senf mischen.

3 Fischfilets waschen und trocken tupfen. Zitronenscheiben in eine Auflaufform legen, restlichen Rosmarin darauf verteilen. Mit Öl beträufeln und mit Salz würzen. Den Fisch darauflegen. Brot-Butter-Mischung auf den Filets verteilen und leicht andrücken. Im heißen Ofen (Mitte) 12 Min. garen.

4 Inzwischen die Nudeln kochen und die Linsen fertigstellen. Den Grill einschalten, die Brotkruste bräunen. Nudeln, Linsen und Fischfilets auf Tellern anrichten.

Salbei-Gnocchi

Ganz einfach und doch so gut – wie alle Klassiker der italienischen Landhausküche!

FÜR 4 PERSONEN | ZUBEREITUNG: CA. 1 1/2 STD. | RUHEN: CA. 20 MIN. | PRO PORTION CA. 570 KCAL

500 g mehligkochende Kartoffeln	3 Eigelbe	100 g italienischer Hartkäse
Salz	200 g Mehl	(am Stück; z. B. Montello)
Pfeffer	1 Bund Salbei	2 EL Öl
frisch geriebene Muskatnuss	2 Knoblauchzehen	70 g Butter

1 Die Kartoffeln in 25–30 Min. gar kochen. In ein Sieb abgießen und etwas ausdampfen lassen. Dann schälen und mit einer Gabel fein zerdrücken oder durch die Kartoffelpresse drücken. Mit Salz, Pfeffer und Muskatnuss würzen. Dann Eigelbe und Mehl hinzufügen und rasch zu einem geschmeidigen Teig formen, ohne allzu viel zu kneten.

2 Reichlich Salzwasser in einem großen Topf aufsetzen und zum Sieden bringen. Aus dem Teig mit den Händen auf der bemehlten Arbeitsfläche daumendicke Rollen formen und in 1–2 cm breite Stücke schneiden. Jedes Stück mit den Zinken einer Gabel etwas flach drücken.

3 Die Gnocchi portionsweise im siedenden Wasser garen. Sobald die Gnocchi an die Oberfläche steigen, diese noch 2–3 Min. weitergaren. Dann die Gnocchi mit einem Schaumlöffel herausheben und abtropfen lassen. Nebeneinander auf ein mit Backpapier ausgelegtes Backblech oder auf Teller legen und 20 Min. ruhen lassen.

4 Salbei waschen, trocken tupfen und die Blätter abzupfen. Knoblauch schälen und in dünne Scheiben schneiden. Den Käse grob hobeln.

5 Das Öl in der Pfanne erhitzen und die Gnocchi darin bei mittlerer Hitze anbraten, bis sie leicht gebräunt sind. Butter, Salbei und Knoblauch dazugeben und alles noch ca. 3 Min. bei schwacher Hitze in der Pfanne schwenken. Mit Salz und Pfeffer würzen und auf Teller verteilen. Den Käse darüberstreuen.

PLUS

Saltimbocca alla romana

Zusätzlich brauchen Sie:

4 dünne Kalbsschnitzel
16 Salbeiblätter
4 Scheiben luftgetrockneten Schinken
1 EL Öl
50 ml Marsala (sizilianischer Dessertwein)
30 g Butter

1 Zunächst die Gnocchi wie links in den Schritten 1 bis 4 beschrieben vorbereiten. Dann die Schnitzel halbieren und unter Frischhaltefolie vorsichtig flach klopfen. Schnitzel mit je 1 Scheibe Schinken und 2 Salbeiblättern belegen und diese mit Zahnstochern feststecken.

2 Den Backofen auf 80° vorheizen. Öl in einer Pfanne erhitzen und die Schnitzel darin von beiden Seiten braten. Auf ofenfeste Teller legen. Den Bratenfond mit dem Marsala ablöschen und etwas verkochen lassen. Die Butter dazugeben und schmelzen. Die Sauce mit Salz und Pfeffer abschmecken und über die Schnitzel träufeln. Diese im Backofen warm halten.

3 Die Pfanne säubern, wie beschrieben die Gnocchi braten und zubereiten. Auf Tellern anrichten und die Saltimbocca dazu servieren.

Spinatlasagne

Für Freunde kräftiger Aromen: Lammhack und Gorgonzola machen die Lasagne
Schicht für Schicht zu einem herzhaften Genuss.

FÜR 4 PERSONEN | ZUBEREITUNG: CA. 40 MIN. | GAREN: CA. 35 MIN. | PRO PORTION CA. 985 KCAL

4 Knoblauchzehen
6 Zweige Thymian
1 Handvoll Salbeiblätter
40 g Butter | 2 EL Mehl
400 ml Milch
Salz | Pfeffer
frisch geriebene Muskatnuss

500 g TK-Blattspinat
200 g milder Gorgonzola
200 g Möhren
1 Stange Lauch
80 g schwarze Oliven (ohne Stein)
400 g Lammhackfleisch
2 EL Öl | 1 EL Zucker

1 TL gemahlener Koriander
2 Dosen stückige Tomaten (je 400 g)
12 Lasagneplatten (ca. 220 g)
50 g Parmesan, frisch gerieben
Außerdem:
Auflaufform (20 × 30 cm)
Fett für die Form

1 Knoblauch schälen und fein hacken. Kräuter waschen,
trocken schütteln, Blätter abzupfen und fein hacken.
Für die Béchamel die Butter erhitzen. Das Mehl darin
anschwitzen. Ein Viertel des Knoblauchs und die Hälfte des
Salbeis dazugeben und mit anschwitzen. Nach und nach
die Milch angießen und unter Rühren dicklich einkochen.
Mit Salz, Pfeffer und Muskat würzen. Spinat zugeben und
in der Sauce auftauen. Die Hälfte des Gorgonzolas darin
schmelzen. Mit Salz und Pfeffer würzen und beiseitestellen.

2 Die Möhren schälen und klein würfeln. Den Lauch
putzen, längs vierteln, waschen und klein schneiden.
Die Oliven in Ringe schneiden. Das Hackfleisch in dem
Öl bröselig braten. Möhren, Lauch und restliche Kräuter
dazugeben und mitbraten. Zucker zugeben und leicht
karamellisieren. Den restlichen Knoblauch, Koriander
und Tomaten hinzufügen. Alles ca. 8 Min. köcheln lassen.
Die Oliven untermischen, salzen und pfeffern.

3 Den Backofen auf 200° vorheizen. Die Auflaufform
einfetten. Ein Drittel der Spinatmischung hineingeben.
Dann zweimal abwechselnd Lasagneplatten, Fleisch,
Lasagneplatten und Spinat übereinanderschichten.
Den Käse darüberstreuen.

4 Die Lasagne im heißen Backofen (Mitte; Umluft 180°)
ca. 35 Min. backen, dabei nach 30 Min. mit Alufolie ab-
decken. Noch 5 Min. im ausgeschalteten Backofen ziehen
lassen. Herausnehmen und kurz ruhen lassen.

Gemüselasagne

Wenn diese Lasagne dampfend aus dem Ofen kommt, geht's auch direkt bei Tisch heiß her.
Denn ihr köstlicher Duft lockt hungrige Mäuler sofort herbei.

FÜR 4 PERSONEN | ZUBEREITUNG: CA. 30 MIN. | GAREN: CA. 35 MIN. | PRO PORTION CA. 605 KCAL

2 Stangen Lauch	300 g küchenfertiger Blattspinat	4 Tomaten
400 g Zucchini	200 ml Gemüsebrühe	12 Lasagneplatten (ca. 220 g)
4 Knoblauchzehen	1 EL Rotweinessig	100–150 g Bergkäse oder Emmentaler
1 Bund Petersilie	1 EL Honig	(am Stück)
1 Bund Dill	1–2 EL Zitronensaft	**Außerdem:**
200 g Schafskäse (Feta)	Salz | Pfeffer	Auflaufform (20 × 30 cm)
2 EL Olivenöl	Cayennepfeffer	Fett für die Form

1 Den Lauch putzen, in Ringe schneiden, waschen und abtropfen lassen. Die Zucchini waschen, putzen und würfeln. Knoblauch schälen und fein würfeln. Die Kräuter waschen, trocken schütteln, Blätter bzw. Spitzen abzupfen und getrennt fein hacken. Den Feta zerbröckeln. Den Backofen auf 200° vorheizen.

2 Das Öl in einer tiefen Pfanne erhitzen, Lauch und Zucchini darin anbraten. Spinat und zwei Drittel der Petersilie dazugeben. Mit Brühe ablöschen und kurz köcheln lassen. Essig, Honig, 1 EL Zitronensaft und zwei Drittel des Dills unterrühren. Mit Salz, Pfeffer, Cayennepfeffer und Zitronensaft abschmecken. Den Feta untermischen.

3 Die Tomaten waschen, halbieren und entkernen. Die Stielansätze entfernen und die Tomatenhälften würfeln. Die Auflaufform einfetten. Ein Fünftel der Gemüsemischung hineingeben. Dann viermal abwechselnd Lasagneplatten, Gemüse und Tomaten übereinander schichten. Den Käse reiben und darüberstreuen.

4 Die Lasagne im heißen Backofen (Mitte; Umluft 180°) ca. 35 Min. backen. Aus dem Ofen nehmen und kurz ruhen lassen. Portionieren, auf Teller verteilen und mit den restlichen Kräutern garnieren.

Geschmälzte Maultaschen

Ob vegetarisch oder mit Fleischfüllung – Maultaschen sind als »Herrgottsb'scheißerle« der ganze Stolz der Schwaben. Zu Recht, denn mit ihrem herzhaften Innenleben sind die gefüllten Päckchen ein wahrer Genuss!

FÜR 4 PERSONEN | ZUBEREITUNG: CA. 1 STD. 15 MIN. | PRO PORTION CA. 530 KCAL

300 g Mehl
3 Eier | Salz
1 kleiner Zucchino (ca. 100 g)
1 Möhre | 2 Schalotten
2 Knoblauchzehen
1/2 Stange Lauch
2 EL Butterschmalz

1 altbackenes Brötchen
100 g Bergkäse oder Emmentaler
   (am Stück)
1/2 TL gehackte Petersilie
100 g Quark
abgeriebene Schale von 1/2 Bio-Zitrone
frisch geriebene Muskatnuss

Pfeffer | 1 Eiweiß
1 Gemüsezwiebel
edelsüßes Paprikapulver
400 ml Gemüsebrühe
Schnittlauchröllchen zum Garnieren
   (nach Belieben)
Mehl für die Arbeitsfläche

1 Mehl, 2 Eier, etwas Salz und 50 ml Wasser zu einem geschmeidigen Teig verkneten und mindestens 30 Min. ruhen lassen. Inzwischen für die Füllung den Zucchino waschen und putzen, Möhre, Schalotten und Knoblauch schälen und alles fein würfeln. Lauch putzen, längs halbieren, waschen und ebenfalls sehr klein schneiden. 1 EL Butterschmalz erhitzen und das Gemüse darin weich dünsten.

2 Das Brötchen klein schneiden und mit dem Blitzhacker fein zermahlen. Den Käse reiben. Alles mit dem gedünsteten Gemüse mischen. Übriges Ei, Petersilie, Quark, Zitronenschale und etwas Muskatnuss hinzufügen und alles kräftig verkneten. Mit Salz und Pfeffer abschmecken.

3 Teig in vier Portionen teilen. Eine Portion auf wenig Mehl rechteckig 1–2 mm dünn ausrollen. Eine Teighälfte dünn mit verquirltem Eiweiß bestreichen. Auf die andere Teighälfte die Hälfte der Füllung in gleichmäßigem Abstand in zwei Reihen zu vier bis sechs Portionen setzen. Die mit Ei bestrichene Teighälfte darüberklappen und – wo Teig auf Teig liegt – fest andrücken. In einzelne Maultaschen teilen und die Ränder rundherum mit den Zinken einer Gabel gut andrücken. Mit dem restlichen Teig genauso verfahren.

4 In einem großen Topf reichlich Salzwasser aufkochen. Die Maultaschen im leicht siedenden Wasser unter gelegentlichem Rühren ca. 15 Min. garen. Inzwischen die Zwiebel schälen, in Ringe schneiden und im restlichen Butterschmalz goldbraun braten. Mit Salz, Pfeffer und Paprikapulver kräftig würzen, mit Brühe ablöschen und etwas verkochen lassen.

5 Die Maultaschen aus dem Sud heben und auf vier tiefe Teller verteilen. Mit Zwiebelringen und Zwiebelsud bedecken und servieren. Nach Belieben noch mit Schnittlauchringen garnieren.

PLUS

Hackfleisch

Dafür Zucchino, Käse und Quark weglassen und statt Gemüsebrühe Fleischbrühe verwenden. Zusätzlich brauchen Sie:

100 g küchenfertigen Blattspinat
200 g gemischtes Hackfleisch
1 TL mittelscharfen Senf
Cayennepfeffer

1 Den Teig wie in Schritt 1 beschrieben zubereiten. Die Gemüsemischung ebenfalls wie beschrieben zubereiten. Den Spinat dazugeben und in der Pfanne kurz zusammenfallen lassen. Die Mischung in einer Rührschüssel mit dem Pürierstab grob pürieren.

2 Gemüsemischung mit Hackfleisch, Senf und den restlichen Zutaten mischen. Mit Salz, Pfeffer und Cayennepfeffer würzen. Die Maultaschen wie beschrieben zubereiten.

Gratinierte Krautfleckerl

»Fleckerln« sind in Österreich eine spezielle Nudelsorte, die leider nicht überall erhältlich sind. Ein guter Ersatz für dieses herzhafte Gericht sind zerbrochene Lasagneplatten oder gemischte Nudelreste.

FÜR 4 PERSONEN | ZUBEREITUNG: CA. 45 MIN. | PRO PORTION CA. 500 KCAL

2 Zwiebeln	200 ml Gemüsebrühe	Pfeffer
3 Knoblauchzehen	1/2 TL gemahlener Kümmel	edelsüßes Paprikapulver
700 g Weißkohl	1 TL getrockneter Majoran	Cayennepfeffer
200 g Möhren	Salz	4 EL Schnittlauchröllchen (nach Belieben)
2 EL Öl	250 g Lasagneplatten (oder Nudelreste)	**Außerdem:**
2 TL Zucker	200 g Raclettekäse (am Stück)	Auflaufform

1 Die Zwiebeln und den Knoblauch schälen und fein würfeln. Den Kohl putzen, den harten Strunk entfernen und die Blätter in mundgerechte Rauten oder Quadrate schneiden. Die Möhren schälen und fein würfeln.

2 Das Öl in der Pfanne erhitzen. Zwiebeln darin anbraten. Möhren und Knoblauch hinzufügen und kurz mitbraten. Den Zucker zugeben und kurz karamellisieren. Den Weißkohl hinzufügen, in der Pfanne schwenken und mit der Gemüsebrühe ablöschen. Kümmel und Majoran dazugeben, mit Salz würzen und ca. 10 Min. bei halb geschlossenen Deckel schmoren.

3 Den Backofen auf 100° (Umluft 80°) vorheizen. Inzwischen die Lasagneplatten in Stücke brechen. In reichlich kochendem Salzwasser in ca. 6 Min. bissfest kochen, dabei hin und wieder umrühren. In ein Sieb abgießen und abtropfen lassen. Den Käse reiben.

4 Die Gemüsemischung mit Salz und Pfeffer abschmecken und mit den Nudeln in einer Auflaufform mischen. Den Käse darüberstreuen und mit etwas Paprikapulver und Cayennepfeffer würzen. Im Backofen (Mitte) in ca. 10 Min. den Käse schmelzen. Auf Teller verteilen, nach Belieben mit Schnittlauchröllchen garnieren und servieren.

VEGGIE-TIPP

Raclettekäse wird traditionell mit tierischem Lab hergestellt. Es gibt aber auch vegetarische Versionen mit mikrobiellem Lab. Informationen dazu gibt es beim Vegetarierbund Deutschland unter *vebu.de/attachments/Labliste.pdf*.

PLUS

Kassler

Dafür nur 500 g Kohl verwenden. Zusätzlich brauchen Sie:

250 g Kasslerbraten (gegart, vom Metzger)

1 Zunächst den Braten in Streifen schneiden und das Kohlgemüse wie in den Schritten 1 und 2 beschrieben zubereiten.

2 Nach 8 Min. Garzeit des Kohlgemüses die Bratenstreifen hinzufügen. Mit der Zubereitung des Gerichts weiterverfahren wie ab Schritt 3 beschrieben.

Reis und Getreide

Rund um die Welt gehört Reis zu den großen Lieblingen
– in Asien sogar zu den Grundnahrungsmitteln.
Dementsprechend vielfältig sind die möglichen
Zubereitungen, von denen es einige
– wie Risotto, Pilaw, Paella oder Sushi –
zu zeitlosen Klassikern geschafft haben.
Auch andere Getreidesorten haben
einen Stammplatz auf den internationalen Speisekarten,
etwa Weizen in Form von Backwaren oder Couscous
und Mais als Polenta oder knusprige gebackene Arepas.
Lassen Sie sich überraschen
von der unendlichen Vielfalt der Getreideküche!

Frühlingsrisotto

Wenn endlich wieder frische Kräuter sprießen und der erste Spargel gestochen wird, ist es Zeit für diesen aromatischen Risotto. Mit fein verpackter Hähnchenbrust wird daraus ein echtes Sonntagsessen.

FÜR 4 PERSONEN | ZUBEREITUNG: CA. 45 MIN. | PRO PORTION CA. 630 KCAL

600 g weißer Spargel
2 Zwiebeln
4 EL Olivenöl
2 TL Zucker | Salz
1,1 l Gemüsefond
  (ersatzweise Gemüsebrühe)

400 g Risottoreis (z. B. Arborio)
50 ml trockener Weißwein
  (nach Belieben)
2 Handvoll gemischte Frühlings-
  kräuter (z. B. Dill, Kerbel,
  Schnittlauch, Bärlauch)

80 g italienischer Hartkäse
  (am Stück; z. B. Montello)
40 g Butter
1 EL Balsamico bianco
Pfeffer

1 Den Spargel schälen, die holzigen Enden abschneiden und die Stangen schräg in Scheiben schneiden. Die Zwiebeln schälen und fein würfeln.

2 2 EL Olivenöl in einer Pfanne erhitzen und den Spargel darin unter gelegentlichem Wenden anbraten. Den Zucker dazugeben und leicht karamellisieren. Mit Salz würzen und beiseitestellen.

3 Den Fond erhitzen. Das restliche Öl in einem Topf erhitzen und die Zwiebelwürfel darin glasig dünsten. Den Reis hinzufügen und kurz mitdünsten. Nach Belieben mit dem Wein ablöschen und kurz verkochen lassen. Unter ständigem Rühren nach und nach den Fond zufügen und jeweils etwas einkochen.

4 Den Risotto auf diese Weise bei schwacher bis mittlerer Hitze 18–20 Min. kochen, bis der Reis gar, aber noch bissfest ist, dabei nach ca. 15 Min. den Spargel dazugeben.

5 Die Kräuter waschen, trocken schütteln, evtl. die Blätter abzupfen und alles grob hacken. Den Käse grob reiben. Käse, Butter und Essig unter den Risotto rühren und mit Pfeffer und nach Belieben etwas Salz abschmecken. Zwei Drittel der Kräuter unterrühren. Mit den restlichen Kräutern garniert servieren.

PLUS

Speck-Hähnchenbrust

Dafür den Risotto nach Belieben mit Parmesan zubereiten. Zusätzlich brauchen Sie:

4 Hähnchenbrustfilets (je 150 g)
20 Bärlauchblätter
20 Scheiben Frühstücksspeck | 4 TL Honigsenf
1 EL Olivenöl | Backpapier

1 Die Hähnchenbrüste waschen, trocken tupfen und mit Salz und Pfeffer würzen. Bärlauch waschen und trocken schütteln. Je 5 Scheiben Speck leicht überlappend nebeneinander auslegen und mit je 5 Bärlauchblättern belegen. Mit dem Senf bestreichen, je 1 Hähnchenbrust darauf setzen und in den Speck einrollen.

2 Den Backofen auf 150° (Umluft 120°) vorheizen. Die Schritte 1 und 2 wie links beschrieben ausführen. Die Pfanne säubern, 1 EL Öl erhitzen, die Hähnchenfilets rundherum anbraten und kurz beiseitestellen.

3 Den Risotto zubereiten. Sobald der Reis 5 Min. kocht, die Hähnchenbrüste auf einen mit Backpapier ausgelegten Rost geben und im heißen Backofen (Mitte) ca. 12 Min. garen.

4 Alle Kräuter unter den Risotto rühren. Den Risotto auf tiefe Teller verteilen. Die Hähnchenbrüste vorsichtig in Scheiben schneiden und darauf anrichten. Mit grob gemahlenem Pfeffer garnieren.

Avocado-Tofu-Sushi

Wer sagt, dass Sushirollen immer mit Fisch gefüllt sein müssen?
Auch Veggies lecken sich nach den kleinen japanischen Kunstwerken die Finger und sollen hier belohnt werden.

FÜR 4 PERSONEN | ZUBEREITUNG: CA. 1 STD. | PRO PORTION CA. 615 KCAL

300 g Sushireis	2 EL Zitronensaft	**Außerdem:**
Salz	150 g Bio-Räuchertofu	4 geröstete Noriblätter
1 Stück Kombu-Alge	2 TL scharfe Chilisauce	Bambusmatte
(aus dem Asienladen; nach Belieben)	1/2 Salatgurke	eingelegter Ingwer
3 EL Reisessig	1 rote Paprikaschote	helle Sojasauce
1 EL Zucker	1 Beet Kresse	Wasabipaste
1 kleine reife Avocado	2 EL geröstete Sesamsamen	

1 Den Reis in ein Sieb geben und mit kaltem Wasser spülen, bis das Wasser klar bleibt; dann gut abtropfen lassen. Den Reis mit 420 ml kaltem Wasser und nach Belieben mit der Kombu-Alge zum Kochen bringen, dabei die Alge kurz vor dem Aufkochen entfernen.

2 Nach dem Aufkochen die Temperatur reduzieren und den Reis 10 Min. bei schwacher Hitze zugedeckt köcheln lassen, dann den Herd ausstellen und den Reis weitere 10 Min. quellen lassen.

3 2 EL Essig, Zucker und 1 TL Salz mischen und leicht erwärmen, bis sich Zucker und Salz gelöst haben. Den Reis in eine flache Schüssel füllen und die Essiglösung darüberträufeln. Mit einem Kochlöffel vorsichtig durchrühren. Dann befächern, damit der Reis schnell abkühlt.

4 Avocado halbieren, entkernen, schälen und in Streifen von 1/2–1 cm Dicke schneiden. Zitronensaft mit 1 EL Wasser und etwas Salz verrühren, die Avocadostreifen damit einpinseln. Den Tofu ebenfalls in entsprechende Streifen schneiden. Chilisauce mit 2 EL Wasser und Salz verrühren und den Tofu damit einpinseln. Gurke schälen, längs halbieren und entkernen. Paprika längs halbieren, entkernen, waschen. Beides ebenfalls in Streifen schneiden.

5 1 Noriblatt mit der glänzenden Seite nach unten auf eine Bambusmatte legen und etwa 1 cm dick mit Reis bestreichen, dabei an einer Längsseite einen 1–2 cm breiten Rand stehen lassen. Eine kleine Furche längs in die Mitte des Reises drücken. Mit Avocado, Tofu, Gurke und Paprika belegen.

6 Den restlichen Essig mit 2 EL Wasser verrühren und den reisfreien Rand mit dem Essigwasser benetzen. Von der gegenüberliegenden Seite her mit dem Aufrollen beginnen. Die Rolle behutsam in Form bringen und das angefeuchtete Ende fest andrücken.

7 Mit der Naht nach unten auf ein Schneidbrett legen, ein scharfes Messer mit Essigwasser benetzen und die Rolle achteln. Noch 3 Rollen formen, zuschneiden und auf Tellern anrichten. Kresse vom Beet schneiden und die Rollen mit Sesam und Kresse garnieren. Die Sushi mit eingelegtem Ingwer, Sojasauce und Wasabi servieren.

PLUS

Lachs und Garnelen

Dafür Tofu und Gurke weglassen. Zusätzlich brauchen Sie:

200 g Lachsfilet
200 g gegarte geschälte Garnelen

1 Das Lachsfilet in Streifen von 1/2–1 cm Dicke schneiden und anstelle der Tofustreifen mit der Chilisauce bepinseln.

2 Die Sushi ansonsten wie links in den Schritten 1 bis 7 beschrieben vorbereiten und Tofu und Gurke dabei durch den Lachs und die Garnelen ersetzen.

Hähnchen-Pilaw

Crossover gewürzt: Senf und Thymian runden hier die klassische Pilaw-Gewürzmischung aus Nelken, Koriander, Kurkuma und Zimt perfekt ab.

FÜR 4 PERSONEN | ZUBEREITUNG: CA. 40 MIN. | PRO PORTION CA. 550 KCAL

1 Zwiebel	3 EL Öl	2 TL getrockneter Thymian
2 Knoblauchzehen	6 Gewürznelken	Salz
je 1 grüne und rote Paprikaschote	1 EL Zucker	600 ml heiße Gemüsebrühe
300 g Möhren	2 TL gemahlener Koriander	1 EL Zitronensaft
60 g getrocknete Tomaten (in Öl)	2 TL gemahlene Kurkuma	Pfeffer
400 g Hähnchenbrustfilet	1 Prise Zimtpulver	
300 g Basmatireis	2 TL körniger Senf	

---

1 Die Zwiebel und den Knoblauch schälen und fein würfeln. Die Paprikaschoten längs halbieren, entkernen, waschen und würfeln. Die Möhren schälen und in Scheiben schneiden. Die getrockneten Tomaten abtropfen lassen und klein schneiden.

2 Hähnchenbrust waschen, mit Küchenpapier trocken tupfen und in Streifen schneiden. Den Reis in ein Sieb geben und waschen, bis das ablaufende Wasser klar bleibt.

3 Das Öl in einem großen Topf erhitzen und die Zwiebelwürfel darin mit den Nelken anbraten. Zucker, Koriander, Kurkuma, Zimt, Senf, Thymian und etwas Salz hinzufügen und kurz andünsten. Paprika, Möhren, Knoblauch und Hähnchen unter Rühren 2 Min. mitdünsten. Dann noch den Reis und die Tomaten kurz mit andünsten.

4 Brühe und Zitronensaft angießen, den Pilaw noch einmal umrühren und zugedeckt ohne Rühren bei schwacher Hitze 8–10 Min. köcheln lassen, bis die Flüssigkeit aufgesogen ist. Den Herd ausstellen und den Reis im geschlossenen Topf in ca. 10 Min. gar ziehen lassen.

5 Den Reis etwas auflockern und nach Belieben mit Salz und Pfeffer abschmecken. Den Pilaw auf Teller verteilen und servieren.

TAUSCHTIPP

Als Alternative zu Hähnchenfleisch eignen sich auch Putenbrust und Lammlachse.

Veggie-Pilaw

Alles aus einem Topf: Ob Pilaw, Polo oder Pulao – von der Türkei über den Iran bis nach Indien
werden aromatische Reisgerichte wie dieses heiß geliebt.

FÜR 4 PERSONEN | ZUBEREITUNG: CA. 35 MIN. | PRO PORTION CA. 670 KCAL

1 Zwiebel	50 g Mandelstifte	100 g Rosinen
500 g Blumenkohl	1 EL Zucker	2 Orangen
1 Möhre	2 TL gemahlener Kreuzkümmel	40 g Butter
1 kleine Fenchelknolle	2 TL gemahlene Kurkuma	Pfeffer
350 g Basmatireis	Salz	
3 EL Öl	600 ml heiße Gemüsebrühe	
4 Gewürznelken	1 EL Zitronensaft	

1 Die Zwiebel schälen und fein würfeln. Den Blumenkohl
putzen, waschen und in Röschen teilen. Die Möhre schälen
und in Scheiben schneiden. Den Fenchel waschen, putzen,
das Fenchelgrün beiseitelegen und die Knolle klein schneiden. Den Reis in ein Sieb geben und waschen, bis das ablaufende Wasser klar bleibt.

2 Das Öl in einem großen Topf erhitzen und die Zwiebelwürfel darin mit den Gewürznelken anbraten. Mandeln,
Zucker, Kreuzkümmel, Kurkuma und 1 Prise Salz hinzufügen
und kurz andünsten. Das Gemüse und den Reis unter Rühren 2 Min. mitdünsten.

3 Brühe und Zitronensaft angießen, den Pilaw noch
einmal umrühren, die Rosinen darauflegen und den Pilaw
zugedeckt ohne Rühren bei schwacher Hitze 8–10 Min.
köcheln lassen, bis die Flüssigkeit aufgesogen ist.

4 Inzwischen die Orangen gründlich bis ins Fleisch schälen, das Fruchtfleisch aus den Trennhäuten lösen, den aus-
tretenden Saft dabei auffangen. Die Kerne entfernen und
das Fruchtfleisch würfeln. Die Orangenwürfel und die Butter
in Flöckchen auf dem Reis verteilen und etwas von dem
ausgetretenen Orangensaft dazugießen. Den Herd ausstellen und den Reis im geschlossenen Topf in ca. 10 Min.
gar ziehen lassen.

5 Den Reis etwas auflockern und nach Belieben mit
Salz und Pfeffer abschmecken. Den Pilaw auf Teller verteilen und servieren.

Reispfanne mit Pilzen

Wer vom Vortag noch etwas Reis übrig hat, haut ihn am besten in die Pfanne – und dazu jede Menge aromatische italienische Zutaten!

FÜR 4 PERSONEN | ZUBEREITUNG: CA. 30 MIN. | PRO PORTION CA. 265 KCAL

1 Fenchelknolle (ca. 250 g)	2 EL Butterschmalz	2 TL Honig
300 g Champignons oder Egerlinge	2 TL getrockneter Thymian	Salz
250 g festkochende Kartoffeln	500 g gekochter Reis (vom Vortag;	Pfeffer
80 g grüne oder schwarze Oliven	aus ca. 220 g rohem Reis)	Crema di balsamico
(ohne Stein)	50 ml Gemüsebrühe	frisch gehobelter italienischer Hartkäse
80 g getrocknete Tomaten (in Öl)	2 EL Aceto balsamico	(nach Belieben)

1 Den Fenchel waschen, putzen und klein schneiden. Die Pilze putzen, trocken abreiben und vierteln. Kartoffeln schälen und klein würfeln. Oliven halbieren, die Tomaten abtropfen lassen und klein schneiden.

2 Butterschmalz in einer großen beschichteten Pfanne erhitzen und die Kartoffeln darin ca. 5 Min. anbraten, bis sie leicht gebräunt sind. Fenchel hinzufügen und 2 Min. mitbraten, dann Pilze und Thymian dazugeben und alles noch 3–4 Min. braten.

3 Reis, Oliven und Tomaten dazugeben und so lange unter Rühren weiterbraten, bis der Reis heiß ist.

4 Brühe, Balsamico und Honig verrühren, darübergießen und die Flüssigkeit etwas verkochen lassen. Die Reispfanne mit Salz und Pfeffer abschmecken.

5 Den Reis auf Teller verteilen. Mit Crema di balsamico und nach Belieben mit frisch gehobeltem italienischem Hartkäse garnieren.

TAUSCHTIPP

Für diese Reispfanne eignet sich auch vorgegarter Reis aus dem Supermarkt. Dafür je nach Packungsanweisung gegen Ende der Garzeit etwas mehr Brühe hinzufügen. Und auch übriggebliebene Pasta lässt sich so verarbeiten.

PLUS

Bratwurst

Zusätzlich brauchen Sie:

2 grobe Bratwürste

1 Das Gemüse, die Oliven und die Tomaten wie links in Schritt 1 beschrieben vorbereiten.

2 Das Brät aus den Würstchen drücken, in kleine Portionen teilen und in einer großen beschichteten Pfanne rundherum ohne Fett anbraten. Herausnehmen, die restlichen Zutaten wie links in Schritt 2 beschrieben anbraten und die Würstchen mit den Pilzen wieder dazugeben.

3 Die Reispfanne wie links in den Schritten 3 bis 5 beschrieben fertigstellen und mit Crema di balsamico und evtl. gehobeltem Käse garnieren.

Couscous mit Erdbeeren

Sommerküche vom Feinsten: fruchtig-frisch, leicht – und richtig schnell zubereitet. Perfekt für alle also, die warmes Sonnenwetter lieber draußen im Freien genießen und nicht in der Küche hocken wollen.

FÜR 4 PERSONEN | ZUBEREITUNG: CA. 20 MIN. | PRO PORTION CA. 590 KCAL

1 Bund Frühlingszwiebeln	2 EL Honig	300 g Erdbeeren
200 g Instant-Couscous	1 TL gemahlener Kardamom	1 reife Avocado
Salz | Pfeffer aus der Mühle	2 Knoblauchzehen	1 Handvoll Minzeblätter
2 Limetten	5 EL Öl	200 g Ziegenfrischkäserolle mit Honig

1 Die Frühlingszwiebeln putzen, waschen und in feine Ringe schneiden. Diese in einer Schüssel mit dem Couscous mischen und mit Salz und Pfeffer würzen. Mit 300 ml kochendem Wasser übergießen und zugedeckt bis zur Weiterverarbeitung quellen lassen.

2 Inzwischen für das Dressing die Limetten auspressen. 4 EL Saft mit Honig und Kardamom verrühren. Den Knoblauch schälen und dazupressen, das Öl unterrühren und mit Salz und Pfeffer abschmecken.

3 Erdbeeren waschen, putzen und in Scheiben schneiden. Die Avocado halbieren, entkernen, schälen und in Spalten schneiden. Minze waschen, trocken tupfen und etwas klein zupfen. Den Ziegenkäse in Scheiben schneiden.

4 Den Couscous portionsweise in eine Tasse drücken und auf Teller stürzen. Erdbeeren, Ziegenkäse, Avocado und Minze darum herum verteilen. Mit dem Dressing beträufeln und mit grob gemahlenem Pfeffer bestreuen.

TUNINGTIPP

Erdbeeren und Pfeffer sind inzwischen eine fast klassische Kombination und harmonieren auch hier hervorragend. Fans der fruchtig-scharfen Mischung garnieren zusätzlich mit 2 TL eingelegtem grünem Pfeffer.

PLUS

Putenbrust

Zusätzlich brauchen Sie:

150 g geräucherte Putenbrust (in Scheiben)

1 Alle Zutaten wie links in den Schritten 1 bis 3 beschrieben vorbereiten. Die Putenbrust klein zupfen.

2 Den Cosucous wie links in Schritt 4 beschrieben formen und anrichten. Die Putenbrust mit den übrigen Zutaten um den Couscous verteilen. Mit Dressing beträufelt und mit Pfeffer bestreut servieren.

Gratinierte Polenta

Aufsteiger in die 1. Gratinliga: Endlich bekommen hier die Kartoffeln Konkurrenz, denn auch der italienische Maisgrieß lässt sich gerne überbacken – am liebsten so kreativ wie hier.

FÜR 4 PERSONEN | ZUBEREITUNG: CA. 30 MIN. | GAREN: CA. 20 MIN. | PRO PORTION CA. 325 KCAL

2 EL Butter
Salz
1 Knoblauchzehe
160 g Instant-Polenta
Pfeffer

500 g Brokkoli
300 ml Gemüsebrühe
1 Bio-Zitrone
2 TL Honig
200 g Cocktailtomaten

200 g Mini-Mozzarellakugeln
50 g Bärlauchpesto
  (ohne Parmesan)
Außerdem:
Auflaufform (20 × 30 cm)

---

1 In einem Topf 600 ml Wasser mit 1 EL Butter und Salz aufkochen. Den Knoblauch schälen und dazupressen. Die Polenta einrieseln lassen und ca. 2 Min. rühren, bis die Masse dick und cremig ist. Mit Pfeffer würzen, dann die Polentamasse in die Auflaufform füllen und glatt streichen.

2 Brokkoli putzen und waschen. Die Röschen abschneiden, Stiel und Röschen in dünne Scheiben schneiden. Die Gemüsebrühe mit der restlichen Butter in einem Topf zum Kochen bringen, den Brokkoli hinzufügen und zugedeckt bei mittlerer Hitze in 3–4 Min. bissfest garen, in ein Sieb abgießen und abtropfen lassen.

3 Backofen auf 200° (Umluft 180°) vorheizen. Die Zitrone heiß waschen und in Scheiben schneiden, die Endstücke und Kerne entfernen. Die Zitronenscheiben zusammen mit dem Honig in einer Pfanne erhitzen und von beiden Seiten karamellisieren, bis sie leicht gebräunt sind. Die Tomaten waschen und halbieren.

4 Brokkoli, Tomaten und Zitronenscheiben auf der Polenta verteilen, mit Salz und Pfeffer würzen. Mozzarella abtropfen lassen, in Scheiben schneiden und darauf verteilen. Pesto ungleichmäßig darüberträufeln. Das Gratin im heißen Backofen (Mitte) 15–20 Min. überbacken, in vier Portionen teilen, diese auf Teller heben und servieren.

PRAXISTIPP
Ein Rezept für selbst gemachtes Bärlauchpesto finden Sie auf Seite 50.

PLUS

Fisch

Zusätzlich brauchen Sie:

250 g Zander-, Kabeljau-, Lachs- oder Seelachsfilet (ohne Haut)

1 Polenta, Brokkoli, Zitronen und Tomaten wie in den Schritten 1 bis 3 beschrieben vorbereiten.

2 Das Fischfilet waschen, trocken tupfen, in mundgerechte Stücke schneiden und mit Brokkoli, Zitrone und Tomaten auf der Polenta verteilen.

3 Das Ganze salzen, pfeffern und mit Mozzarella und Pesto bedecken. Die Polenta wie beschrieben überbacken.

Quiche Lorraine

Weltbekannter Klassiker aus Lothringen: Dieser herzhafte Kuchen passt perfekt zum Wein und hat die Köche dieser Welt zu unzähligen Variationen inspiriert.

FÜR 8 PERSONEN | ZUBEREITUNG: CA. 50 MIN. | BACKEN: CA. 35 MIN. | PRO PORTION CA. 570 KCAL

250 g Mehl
140 g kalte Butter
Salz
2 Zwiebeln
200 g Räucherspeck
100 g Gruyère (am Stück)
200 g Schmand

4 Eier
Pfeffer
frisch geriebene Muskatnuss
1 EL Öl

Außerdem:
Quiche- oder Springform (28 cm Ø)
Fett für die Form
Mehl für die Arbeitsfläche

1 Für den Teig das Mehl mit der Butter in kleinen Stücken, 1/2 TL Salz und 50 ml kaltem Wasser rasch verkneten. Den Teig zu einer Kugel formen und in Frischhaltefolie gewickelt 30 Min. kühl stellen.

2 Backofen auf 200° vorheizen. Die Zwiebeln schälen und fein würfeln. Den Speck ohne Schwarte ebenfalls fein würfeln. Den Käse reiben. Den Schmand mit den Eiern verquirlen. Den Käse unterrühren. Mit Salz, Pfeffer und Muskatnuss würzen.

3 Das Öl in einer Pfanne erhitzen. Speck und Zwiebeln darin anbraten, bis beides leicht gebräunt ist.

4 Die Quiche- oder Springform einfetten. Den Teig auf der bemehlten Arbeitsfläche kreisförmig ausrollen, die Form damit auslegen und dabei einen 2–3 cm hohen Rand formen.

5 Die Speck-Zwiebel-Mischung gleichmäßig auf dem Teig verteilen und die Eiercreme darübergießen. Die Quiche im heißen Backofen (Mitte, Umluft 180°) ca. 35 Min. backen, bis die Oberfläche leicht gebräunt und die Masse gestockt ist.

Lauch-Tomaten-Quiche

Schmeckt sowohl warm als auch kalt: Ob als volle Mahlzeit mit einem knackigen Salat oder als pikanter Happen beim Sonntagsbrunch – diese Gemüsequiche macht sich immer gut.

FÜR 8 PERSONEN | ZUBEREITUNG: CA. 50 MIN. | GAREN: CA. 45 MIN. | PRO PORTION CA. 430 KCAL

250 g Mehl
140 g kalte Butter | Salz
2 Stangen Lauch
3 Tomaten
5 Mangoldblätter
50 g grüne oder schwarze Oliven
  (ohne Stein)

2 Knoblauchzehen
80 g Bergkäse (am Stück)
1 EL Öl
1 EL Honig
4 cl Sherry medium (nach Belieben)
200 g Schmand
Pfeffer | 3 Eier

Außerdem:
Quiche- oder Springform (28 cm Ø)
  oder lang-rechteckige Quicheform
Fett für die Form
Mehl für die Arbeitsfläche

1 Für den Teig das Mehl mit der Butter in kleinen Stücken, 1/2 TL Salz und 50 ml kaltem Wasser rasch verkneten. Den Teig zu einer Kugel formen und in Frischhaltefolie gewickelt 30 Min. kühl stellen.

2 Backofen auf 200° vorheizen. Lauch putzen, in Ringe schneiden, waschen und abtropfen lassen. Die Tomaten waschen, halbieren, entkernen, die Stielansätze entfernen und die Hälften würfeln. Mangold waschen, trocken schleudern, die Stielansätze entfernen und die Blätter in Streifen schneiden. Oliven in Ringe schneiden. Knoblauch schälen und fein würfeln. Den Käse reiben.

3 Das Öl in einer Pfanne erhitzen. Den Lauch darin andünsten. Mangold, Tomaten, Knoblauch, Oliven und Honig hinzufügen und kurz mitdünsten. Nach Belieben mit dem Sherry ablöschen, kurz verkochen lassen und vom Herd nehmen.

4 Den Schmand unter die Gemüsemischung rühren und den Käse dazugeben. Mit Salz und Pfeffer abschmecken und die Eier unterrühren.

5 Die Quiche- oder Springform einfetten. Den Teig auf der bemehlten Arbeitsfläche kreisförmig ausrollen, die Form damit auslegen und dabei einen 3–4 cm hohen Rand formen. Die Gemüse-Eier-Mischung gleichmäßig darauf verteilen und glatt streichen. Die Quiche im heißen Backofen (Mitte, Umluft 180°) 40–45 Min. backen, bis die Masse gestockt und die Oberfläche leicht gebräunt ist.

Paprika-Mango-Gemüse

Diese ungewöhnliche Kombination überrascht in der vegetarischen Version vor allem durch ihre nordafrikanische Würze. Die Hähnchennuggets der Fleischvariante bestechen mit ihrer extravaganten Panade.

FÜR 4 PERSONEN | ZUBEREITUNG: CA. 30 MIN. | PRO PORTION CA. 225 KCAL

2 Zwiebeln | 20 g Ingwer
2 rote Paprikaschoten
1 Mango
200 g Cocktailtomaten
300 g Seitanwürstchen (aus dem Bioladen)

200 ml Gemüsebrühe
4 EL Tomatenmark
50 ml trockener Weißwein
   (z. B. Weißburgunder; nach Belieben)
2–3 TL Zucker

1–2 TL Ras el-Hanout
   (marokkanische Gewürzmischung)
2 Knoblauchzehen
2 EL Öl
1 Bio-Zitrone | Salz

---

1 Die Zwiebeln und den Ingwer schälen und fein würfeln. Die Paprika längs halbieren, entkernen, waschen und klein schneiden. Die Mango schälen, das Fruchtfleisch vom Stein schneiden und würfeln. Die Tomaten waschen und halbieren. Die Würstchen in Scheiben schneiden.

2 Gemüsebrühe, Tomatenmark, nach Belieben Wein, 2 TL Zucker und 1 TL Ras el-Hanout verrühren. Den Knoblauch schälen und dazupressen.

3 Öl in einem Topf erhitzen und die Zwiebelwürfel darin anbraten. Paprika, Ingwer und Seitanwürstchen 4 Min. mitbraten. Mit der Tomatenbrühe ablöschen. Tomaten und Mangowürfel dazugeben und alles bei mittlerer Hitze weitere 5 Min. garen.

4 Die Zitrone heiß waschen, abtrocknen, die Schale abreiben und den Saft auspressen. Die Zitronenschale unterrühren, das Gemüse mit Salz, Zucker, Ras el-Hanout und Zitronensaft abschmecken. Dazu Reis servieren.

TAUSCHTIPP

Ras el-Hanout können Sie nach Belieben durch 1 TL gemahlenen Koriander, 1/2 TL gemahlenen Kreuzkümmel und 1 Prise Zimtpulver ersetzen.

PLUS

Knuspernuggets

Dafür die Seitanwürstchen weglassen. Zusätzlich brauchen Sie:

50 g Cornflakes | 10 Amarettini
2 Eier | 50 g Mehl
400 g Hähnchenbrustfilet
Zitronensaft
1 TL Ras el-Hanout (marokkanische Gewürzmischung)
100 ml Öl

1 Zunächst wie links in den Schritten 1 und 2 beschrieben das Gemüse klein schneiden und die Tomatenbrühe anrühren. Dann die Nuggets vorbereiten: Dafür die Cornflakes und die Amarettini in einen Gefrierbeutel geben und mit dem Nudelholz zerbröseln. Die Brösel auf einen Teller häufen. Die Eier in einem tiefen Teller verquirlen, das Mehl auf einen dritten Teller häufen.

2 Die Hähnchenbrust waschen, mit Küchenpapier trocken tupfen und in Nuggets schneiden. Diese mit Zitronensaft beträufeln und mit Salz und Ras el-Hanout würzen.

3 Das Gemüse wie links in den Schritten 3 und 4 beschrieben zubereiten und zugedeckt warm halten.

4 Die Hähnchenstücke im Mehl wenden, durch das Ei ziehen und abschließend mit der Bröselmischung panieren. Öl in der Pfanne erhitzen und die Nuggets darin portionsweise von beiden Seiten goldbraun braten. Auf Küchenpapier abtropfen lassen und mit dem Gemüse servieren.

Gefüllte Arepas

In Venezuela schon immer an jeder Straßenecke zu bekommen und jetzt auch zu Hause en vogue: gebackene oder knusprig frittierte Maisfladen, auf unterschiedlichste Art gefüllt.

FÜR 4 PERSONEN | ZUBEREITUNG: CA. 50 MIN. | PRO PORTION CA. 740 KCAL

1 rote Zwiebel	80 g Cheddar (am Stück)	4 EL Weizenmehl
1 Avocado	100 g Crème fraîche	2 TL Backpulver
2 EL Limettensaft	2 TL scharfe Chilisauce	120 ml warme Milch
Salz	Pfeffer	1–2 TL Rotweinessig	1/2 l Öl
1 Tomate	250 g vorgekochtes Maismehl	
50 g Salatmix	(z. B. aus dem Asienladen)	

1 Die Zwiebel schälen und in Ringe schneiden. Avocado halbieren, entkernen, schälen und in Spalten schneiden. Mit Limettensaft beträufeln und mit Salz und Pfeffer würzen. Die Tomate waschen und in Scheiben schneiden, den Stielansatz dabei entfernen. Den Salatmix waschen und trocken schütteln. Den Käse reiben.

2 Crème fraîche, Chilisauce und 1 TL Essig verrühren. Mit Salz, Pfeffer und Essig abschmecken.

3 Den Backofen auf 100° vorheizen. Beide Mehlsorten mit dem Backpulver und 1/2 TL Salz mischen. 250 ml Wasser aufkochen, dazugießen und die Masse mit einem Holzlöffel verrühren. Die warme Milch dazugießen und alles rasch zu einem geschmeidigen Teig verkneten.

4 In einem kleinen Topf das Öl erhitzen. Aus dem Teig 4 runde Fladen je ca. 12 cm Durchmesser formen. Nacheinander im heißen Fett goldbraun ausbacken, dabei mehrfach vorsichtig wenden. Die fertigen Maisfladen auf Küchenpapier abtropfen lassen und im Backofen warm halten.

5 Die Arepas aufschneiden. Die Unterseiten mit Crème fraîche bestreichen und mit Salat, Avocado, Tomate und Zwiebel belegen. Den Käse darüberstreuen, die Arepas zusammenklappen und sofort servieren.

PLUS

Steakstreifen

Zusätzlich brauchen Sie:

1 EL Öl
250 g Rindersteak

1 Gemüse, Salat, Dressing und den Teig wie links in den Schritten 1 bis 3 beschrieben vorbereiten.

2 Dann bereits 2 Arepas frittieren. Parallel das Steak zubereiten: Dafür das Öl in einer Pfanne erhitzen und das Steak darin anfangs bei starker, dann bei mittlerer Hitze von beiden Seiten je 3–5 Min. braten. Mit Salz und Pfeffer würzen, in Alufolie gewickelt kurz ruhen lassen.

3 Das Steak schräg in schmale Streifen schneiden. Die Arepas aufschneiden. Die Unterseiten mit Crème fraîche bestreichen, mit Salat, Avocado, Steakstreifen, Tomate und Zwiebel belegen. Den Käse darüberstreuen, zusammenklappen und sofort servieren.

TAUSCHTIPP

Für Arepa-Burger statt Steakstreifen 600 g Rinderhack mit Salz und Pfeffer würzen, das Hack zu 4 flachen Burgern formen und in einer großen Pfanne in Öl portionsweise von beiden Seiten je 3 Min. braten. Die Unterseite der aufgeschnittenen Arepas mit Dip bestreichen, dann mit Salat und Burger belegen, die übrigen Zutaten darauf verteilen.

Feta-Hirse-Burger

Fast Food de luxe – und obendrein gesund: Wer seine Burger mit hochwertigen Zutaten selber zubereitet, kann mit gutem Ernährungsgewissen zubeißen.

FÜR 4 PERSONEN | ZUBEREITUNG: CA. 35 MIN. | PRO PORTION CA. 445 KCAL

100 g Hirseflocken (aus dem Bioladen)
100 ml heiße Gemüsebrühe
1 kleine Möhre
2 kleine rote Zwiebeln
3 EL Öl
30 g Sonnenblumenkerne
50 g Schafskäse (Feta)

1 Eiweiß
4 TL körniger Senf
2 EL Zucker
1/2 TL Currypulver
Salz | Pfeffer
40 g eingelegte Silberzwiebeln
  (aus dem Glas)

100 g Salatmayonnaise
40 g Tomatenmark
1 EL Aceto balsamico bianco
2 Handvoll Pflücksalat
2 Tomaten
1 Bio-Mini-Salatgurke
4 Hamburgerbrötchen

1 Für die Burger die Hirseflocken mit der heißen Gemüsebrühe übergießen und quellen lassen.

2 Inzwischen die Möhre schälen und raspeln. 1 Zwiebel schälen und fein würfeln. Beides zusammen in 1 EL Öl in einer Pfanne andünsten. Die Sonnenblumenkerne grob hacken. Feta fein zerbröseln. Zwiebel-Möhren-Mischung, Sonnenblumenkerne und Feta zur Hirse geben. Eiweiß, 1 TL Senf, 1 TL Zucker und Curry dazugeben und alles kräftig verkneten. Mit Salz und Pfeffer abschmecken.

3 Abgetropfte Silberzwiebeln klein schneiden und mit der Mayonnaise und 2 TL Senf verrühren. Tomatenmark mit 50 ml Wasser, dem restlichen Zucker und Senf sowie Essig verrühren und mit Salz und Pfeffer abschmecken.

4 Salat waschen und trocken schleudern. Tomaten und Gurke waschen und beides in Scheiben schneiden, dabei die Stielansätze entfernen. Die übrige Zwiebel schälen und in Ringe schneiden.

5 Aus der Burgermasse 4 Burger von gut Brötchendurchmesser formen und in einer Pfanne im restlichen Öl von beiden Seiten goldbraun braten. Die Brötchen halbieren und toasten.

6 Die Brötchen auf beiden Seiten mit der Mayonnaise bestreichen. Die Unterseite zunächst mit Salat und Burger belegen. Dann Zwiebeln, Tomatendip, Tomaten und Gurke darauflegen und die Oberseite daraufklappen.

PLUS

Klassische Burger

Dafür die vegetarischen Burger weglassen. Zusätzlich brauchen Sie:

600 g Hackfleisch (vom Rind oder gemischt)

1 Die Saucen und das Gemüse wie links in den Schritten 3 und 4 beschrieben vorbereiten.

2 Das Hackfleisch mit Salz und Pfeffer würzen, zu Burgern formen und in einer großen Pfanne von beiden Seiten in je ca. 3 Min. knusprig braun braten. Herausnehmen.

3 Das Brot toasten und die Zwiebeln in der Pfanne anbraten, bis sie leicht gebräunt sind. Dann wie beschrieben schichten und servieren.

Hähnchen-Wraps

Traditionelle und moderne Küche aufgerollt: In diesen Wraps verbirgt sich ein fast klassischer Geflügelsalat – was sie seeehr verführerisch macht.

FÜR 4 PERSONEN | ZUBEREITUNG: CA. 1 STD. | PRO PORTION CA. 480 KCAL

200 g Hähnchenbrustfilet	100 g Salatmayonnaise
1 EL Öl	1 EL körniger Senf
300 g Aprikosen	Salz
1 EL Zucker	Pfeffer
3 Frühlingszwiebeln	1 Romana-Salatherz
1 Knoblauchzehe	50 g Walnusskerne
100 g Joghurt	4 weiche Weizentortillas (Fertigprodukt)

1 Backofen auf 120° (Umluft 100°) vorheizen. Die Hähnchenbrust waschen, mit Küchenpapier trocken tupfen und in dem Öl von beiden Seiten anbraten. In Alufolie wickeln und im Backofen (Mitte) 15 Min. garen.

2 Inzwischen die Aprikosen waschen, halbieren, entsteinen und klein schneiden. Die Pfanne säubern, die Aprikosen mit dem Zucker hineingeben und etwas karamellisieren.

3 Frühlingszwiebeln putzen, waschen und in Ringe schneiden. Knoblauch schälen und fein würfeln. Beides mit Joghurt, Mayonnaise und Senf verrühren und etwas ziehen lassen.

4 Die Hähnchenbrust aus dem Ofen nehmen und etwas abkühlen lassen. Dann klein zupfen oder schneiden, mit Salz und Pfeffer würzen und vollständig auskühlen lassen. Mit den Aprikosen zur Mayonnaisemischung geben. 10 Min. ziehen lassen, mit Salz und Pfeffer abschmecken.

5 Den Salat zerpflücken, waschen, trocken schleudern und in Streifen schneiden. Die Nüsse grob hacken. Die Tortillas mit etwas Wasser bepinseln. Nacheinander in der gesäuberten Pfanne ohne Fett erhitzen, sodass sie elastisch werden.

6 Die Hähnchenmischung mittig in einem Streifen auf den Tortillas verteilen. Salat und Nüsse daraufgeben. Die Tortillas jeweils über eine schmale Seite der Füllung etwas einklappen. Dann eine Längsseite über die Füllung klappen und anschließend eng bis zum anderen Rand einrollen.

Camembert-Birnen-Wraps

Vor Jahren hierzulande noch vielerorts unbekannt, sind Wraps inzwischen nahezu überall in aller Munde. Kein Wunder, passen sie doch perfekt zum »Food to go«-Trend.

FÜR 4 PERSONEN | ZUBEREITUNG: CA. 25 MIN. | PRO PORTION CA. 250 KCAL

1 Romana-Salatherz	80 g Frischkäse
2 reife Birnen	4 TL Dijonsenf
200 g Camembert	4 geh. TL Preiselbeermus
4 Scheiben Toastbrot	Salz
2 EL Öl	Pfeffer
4 weiche Weizentortillas	2 EL Aceto balsamico
(Fertigprodukt)	

1 Das Salatherz zerpflücken, waschen, trocken schleudern und in feine Streifen schneiden. Die Birnen halbieren, schälen, die Kerngehäuse entfernen und die Hälften würfeln. Den Camembert in Scheiben schneiden.

2 Das Brot würfeln. Öl in einer Pfanne erhitzen und die Brotwürfel darin rundherum knusprig braun braten. Herausnehmen und beiseitestellen. Die Pfanne säubern.

3 Die Weizentortillas mit etwas Wasser bepinseln. Nacheinander in der Pfanne ohne Fett erhitzen, sodass sie elastisch werden.

4 Die Tortillas mittig in einem Streifen mit dem Frischkäse und dem Senf bestreichen und das Preiselbeermus darauf verteilen. Camembert, Birnen, Salat und Croûtons darauf verteilen. Mit Salz und Pfeffer würzen und etwas Essig darüberträufeln.

5 Die Tortillas jeweils über eine schmale Seite der Füllung etwas einklappen. Dann eine Längsseite über die Füllung klappen und anschließend eng bis zum anderen Rand einrollen. Die Wraps nach Belieben zur Hälfte in Butterbrotpapier wickeln und dieses unten fest zusammendrehen.

Register

Hier finden Sie alle Rezepte alphabetisch nach ihren Namen. Eventuell voranstehende Adjektive wie »Bunter«, »Mediterranes« oder »Lauwarmer«, sind dabei nicht berücksichtigt. Wir haben die Rezepte außerdem unter ihren jeweiligen Hauptzutaten, z. B. unter »Tomaten«, »Reis«, »Käse« aufgelistet. Namen bzw. Namensteile in dunkelbrauner Kursivschrift, kennzeichnen ein nicht-vegetarisches Rezept bzw. eine nicht-vegetarische Variante.

Impressum

DER AUTOR

Martin Kintrup kochte schon während seines Studiums mit Begeisterung in einem vegetarischen Restaurant. Inzwischen hat er seine Lust am Kochen, Essen und Genießen zum Beruf gemacht. Als Autor und Redakteur arbeitet er für mehrere Verlage und hat schon zahlreiche Kochbücher geschrieben. Selbst ein überzeugter Teilzeit-Vegetarier, bringt er mit seinen neuen Rezepten Schwung in die Küche all derer, die sich zwar vorwiegend, aber nicht nur vegetarisch ernähren möchten.

DIE FOTOGRAFIN

Mona Binner war schon als Kind von Fotos fasziniert, und somit war der berufliche Weg früh klar. Nach der Ausbildung zur Werbefotografin folgte ein Jahr freie Assistenz in Hannover, Hamburg und London. Hier entdeckte sie die Liebe zur Food-Fotografie. Seit 2007 arbeitet sie erfolgreich für namhafte Kunden, Magazine und Verlage aus dem Food- und Non-Food-Bereich. Ein besonderes Gespür für Licht und Farbe bestimmen die Ästhetik der Aufnahmen und führen zur unverwechselbaren Bildsprache. Noch mehr von ihr unter: www.monabinner.de
Unterstützt wurde sie bei diesem Buch von **Sarah Trenkle** (Foodstyling) und **Meike Stüber** (Styling), mit denen sie die Rezepte in diesem Buch in Szene gesetzt hat.

Bildnachweis:
Titelbild: Silvio Knezevic
Illustrationen: Julia Hollweck
Alle anderen: Mona Binner

Syndication: www.jalag-syndication.de
Konzept und Projektleitung: Alessandra Redies
Lektorat: Claudia Lenz
Korrektorat: Waltraud Schmidt
Satz: Knipping Werbung GmbH, Berg am Starnberger See
Innenlayout, Typografie und Umschlaggestaltung:
independent Medien-Design, Horst Moser, München
Herstellung: Renate Hutt
Repro: medienprinzen gmbh, München
Druck und Bindung: Dimograf
ISBN 978-3-8338-5441-5 — 1. Auflage 2016

Unveränderter Nachdruck des Buches »Kochen für Teilzeit-Vegetarier«
(ISBN 978-3-8338-2893-5) von 2013

Die **GU-Homepage** finden Sie unter **www.gu.de**

Liebe Leserin, lieber Leser,

haben wir Ihre Erwartungen erfüllt? Sind Sie mit diesem Buch zufrieden? Haben Sie weitere Fragen zu diesem Thema? Wir freuen uns auf Ihre Rückmeldung, auf Lob, Kritik und Anregungen, damit wir für Sie immer besser werden können.

GRÄFE UND UNZER Verlag
Leserservice
Postfach 86 03 13
81630 München
E-Mail:
leserservice@graefe-und-unzer.de

Telefon: 00800 / 72 37 33 33*
Telefax: 00800 / 50 12 05 44*
Mo–Do: 9.00 – 17.00 Uhr
Fr: 9.00 – 16.00 Uhr
(* gebührenfrei in D, A, CH)

Ihr GRÄFE UND UNZER Verlag
Der erste Ratgeberverlag – seit 1722.

www.facebook.com/gu.verlag

GRÄFE UND UNZER

Ein Unternehmen der
GANSKE VERLAGSGRUPPE